AF397322

OBSERVATIONS

DE LA

CHAMBRE DE COMMERCE DE PARIS,

SUR LA RÉVISION

DU PROJET DE CODE DU COMMERCE *.

LA CHAMBRE DE COMMERCE DE PARIS,

AU MINISTRE DE L'INTÉRIEUR.

CITOYEN MINISTRE,

LA Chambre de commerce de Paris a l'honneur de vous présenter ses observations sur le Projet de Code de commerce.

Attentif à tout ce qui peut concourir à la prospérité publique, le Gouvernement avait dès long-temps prévenu les vœux des commerçans, er chargeant une Commission de lui présenter un Projet de Code de commerce.

Ce Projet a été communiqué aux Tribunaux et aux Chambres de commerce, pour en faire l'examen et donner leur avis.

L'époque de la création de la Chambre de Paris, étant très-postérieure à celle où les observations ont été recueillies, elle n'a pu présenter dans le temps son avis sur cet important objet; elle s'en est occupée immédiatement après son installation.

Les Observations qui ont déjà été publiées, et principalement *le nouveau*

---

* Ce cahier doit faire suite au volume de la Révision.

A

Projet de révision présenté par les Commissaires-rédacteurs, ont réduit à un petit nombre d'articles les amendemens et les corrections que la Chambre croit devoir proposer.

Passagèrement privée de l'avantage d'être représentée au Conseil général de commerce, la Chambre n'a pu concourir à la discussion d'un Projet de loi sur les faillites et banqueroutes, présenté par ce Conseil au Gouvernement. Elle n'a eu connaissance de ce Projet que lorsqu'il a été soumis à la discussion du Conseil d'état.

Les faillites nombreuses qui ont éclaté depuis la déclaration de guerre, ont sans doute fait penser qu'il était urgent d'en prévenir les funestes effets; elles ont fait naître l'idée de séparer du Projet de Code de Commerce, les titres concernant les faillites et banqueroutes.

Le commerce de Paris ayant offert les exemples les plus nombreux de ces dérangemens, et des abus qui en ont été la suite, c'est peut-être aux commerçans de Paris qu'il importe davantage qu'un frein salutaire arrête le cours de ces suspensions, qui détruisent la confiance et paralysent le crédit. Ce sont principalement ces motifs qui ont engagé la chambre à se livrer à l'examen du Projet de Code de commerce.

Les observations qu'elle vous soumet, sont le résultat d'un examen approfondi du *Projet de révision des Commissaires-rédacteurs, et du Projet de loi sur les faillites, présenté par le Conseil général de commerce.*

La Chambre a cru devoir faire précéder ce travail de quelques remarques sur les inconvéniens qui peuvent résulter de la promulgation partielle d'un ou de plusieurs titres du Projet de Code de commerce.

Les motifs qui ont engagé le Gouvernement à faire discuter séparément la loi sur les faillites et banqueroutes, prouvent combien sa sollicitude est attentive à tout ce qui peut rendre au commerce la sécurité dont il a besoin, et la confiance qui seule peut rappeler le crédit. En applaudissant à des motifs si louables, et qui ajoutent un nouveau titre à la reconnaissance du commerce, la Chambre croit devoir faire remarquer que la véritable cause des faillites qui ont affligé le commerce, n'est pas autant dans l'insuffisance de la législation actuelle, que dans les circonstances qui ont précédé et suivi la déclaration de guerre : cela est si vrai, que, lorsque la commotion qui s'est fait sentir a eu parcouru la chaîne des intérêts qui aboutissaient aux entreprises maritimes, les faillites ont cessé, pour ainsi dire, tout d'un coup.

Ces dérangemens ont été plus nombreux, parce que la confiance était plus entière; les commerçans s'étaient livrés, avec sécurité, à des entreprises loin-taines, qui devaient accroître notre influence commerciale dans l'étranger : elles sont peut-être la première cause qui a soulevé contre nous la jalouse Angleterre. Les dommages qu'elle a voulu causer au commerce français, ont été promptement sentis; mais leur terme est connu; les blessures qu'il a reçues sont près d'être cicatrisées, tandis que les maux que nos ennemis se sont attirés, vont bientôt leur coûter d'amers repentirs!

Si les faillites qui ont eu lieu il y a quelques mois, n'ont eu d'autre cause que cette guerre inopinée, quels inconvéniens pourraient résulter de l'ajourne-ment de la loi proposée sur les faillites, jusqu'à la discussion du Projet de Code de commerce.

Par l'examen même que la Chambre a fait de cette partie du Projet, elle s'est convaincue que les avantages qui résulteraient de la promulgation partielle des titres sur les faillites, ne compenseraient pas les inconvéniens qu'elle croit y apercevoir.

Ces inconvéniens l'ont frappée davantage à mesure qu'elle a examiné la dis-tribution des titres du Projet et les principes adoptés par les Commissaires-rédacteurs : ces principes, sanctionnés depuis plusieurs siècles par les anciennes lois et par les habitudes du commerce, ont reçu des développemens importans dans le Projet : il ne contient d'autres innovations que celles qui donneront à la loi une application plus immédiate et une exécution plus indépendante. Dans le plan présenté par les Commissaires-rédacteurs, toutes les dispositions paraissent tellement liées les unes aux autres, et se rattacher aux mêmes principes, que toute exécution partielle serait plus nuisible qu'avantageuse à l'esprit de la loi.

Ces réflexions pourraient s'appliquer sur-tout au Projet de loi présenté par le Conseil général de commerce, dont l'exécution éprouverait de grandes difficultés, soit à cause des omissions essentielles qui s'y trouvent, soit à cause des moyens accessoires dont il serait dépourvu.

La législation commerciale se compose de deux parties bien distinctes :

La première règle la forme et les effets des transactions, les devoirs et les droits des commerçans;

La seconde en est, pour ainsi dire, la conséquence ou l'application, puisqu'elle détermine les pouvoirs du juge, dans les cas où il y a violation des contrats qu'elle a garantis. Elle comprend,

La juridiction,

Les faillites et banqueroutes,

A 2

4

Pour établir d'une manière certaine les règles qu'il faut suivre, et les formes conservatrices que la loi exige dans les cas de faillites ; pour discerner la fraude et protéger le malheur, il est essentiel que les devoirs des commerçans soient rigoureusement tracés, et sur-tout que la forme et les effets des contrats du commerce soient clairement déterminés : il importe que les transactions commerciales soient délivrées d'une foule d'abus que les priviléges et les usages locaux avaient introduits ; que la jurisprudence ne soit plus aussi variable, et qu'il y ait une règle uniforme dans toutes les places. Il faut enfin, avant que d'établir les lois qui répriment ou qui punissent, adopter celles qui éclairent, qui apprennent à chacun les devoirs qu'il a à remplir et les droits dont il peut faire usage.

Il nous semble qu'en extrayant du projet de Code les titres sur les faillites et banqueroutes, on s'exposerait aux inconvéniens peut-être dangereux d'établir des conséquences avant que d'avoir déterminé des principes, et à jetter une plus grande confusion dans la jurisprudence.

La chambre a reconnu, dans l'examen qu'elle a fait des titres du Projet concernant les faillites, de grands obstacles dans leur exécution, s'ils étaient promulgués séparément. Elle a reconnu que ces difficultés disparaissent en adoptant l'ensemble du Projet, parce que tous les cas qui déterminent la présomption de fraude, y sont d'abord établis, et que les coupables auront été suffisamment avertis, pour qu'il ne leur reste point d'excuses ni de prétextes pour échapper à la juste punition qu'ils auront méritée.

Pour atteindre le but qu'on s'est proposé, il ne suffit pas de tracer les formes qui doivent être suivies pour la conservation des droits des créanciers dans les cas de faillite ; il est peut-être également urgent de les prévenir, en écartant, par des règles sévères, ceux qui n'embrassent la profession de commerçant que pour la déshonorer : alternativement, dans le commerce et hors du commerce, selon qu'il convient à leurs desseins frauduleux, ils invoquent ou déclinent les tribunaux, selon qu'ils ont à craindre leur justice, ou quelque chose à en espérer.

C'est par la juste répartition d'autorité qui leur est nécessaire, par une démarcation franche des droits qui leur appartiennent, que l'on rendra aux tribunaux de commerce cette salutaire influence, dont les moindres avantages seront de faire revivre la bonne-foi et la confiance, sans lesquelles le commerce est sans force et sans considération. La chambre se plaît à rendre justice à cet égard aux auteurs du Projet : ils ont circonscrit, d'une manière précise, cette utile juridiction ; ils lui ont restitué des droits d'autant plus incontestables, qu'ils dérivent de la nature mêmes des choses qui les ont rendus nécessaires.

Le commerce attend d'un Gouvernement juste et réparateur, cette utile sauvegarde contre les atteintes de la chicane et les détours de la mauvaise foi.

La chambre s'est convaincue qu'il serait plus avantageux d'ajourner le Projet de loi sur les faillites, jusqu'à la discussion du projet de Code de commerce.

Elle pense que cette loi ne pourrait avoir une exécution parfaite, qu'autant que la compétence des tribunaux de commerce, les devoirs et les droits des commerçans, la forme et les effets des transactions, seraient déterminés d'une manière positive ; ce qui embrasse presque tout le premier et le troisième livre du Projet.

Par les motifs même qui engagent la chambre à demander l'ajournement du projet de loi sur les faillites, elle invoque, au nom du commerce, la sollicitude du Gouvernement, pour qu'il veuille bien ordonner que le Projet du Code du commerce sera présenté au Corps législatif dans la session qui doit suivre celle qui va s'ouvrir. C'est un bienfait que le commerce attend avec d'autant plus d'impatience, qu'il sent tous les jours davantage le besoin qu'il en a.

C'est à vous, citoyen Ministre, que la chambre adresse avec confiance ses vœux et ses pensées sur cet objet important. Elle se flatte que vous voudrez bien être son organe auprès du Gouvernement, et qu'un Code de loi préparé sous vos auspices, sanctionné par vos soins, ajoutera un titre de plus à la reconnaissance du commerce pour les actes mémorables qui signaleront votre administration.

Salut et respect.

LIVRE PREMIER.

RÉDACTION du Projet de Code révisé.	OBSERVATIONS de la Chambre.	RÉDACTION. proposée par la Chambre.
LIVRE PREMIER. TITRE I.er *Dispositions générales.* ARTICLE I.er Conservé.		LIVRE PREMIER. TITRE I.er *Dispositions générales.* ARTICLE I.er TOUTE personne a le droit de faire le commerce en France. L'exercice de ce droit est réglé par des lois particulières.

RÉDACTION du Projet de Code révisé.	OBSERVATIONS de la Chambre.	RÉDACTION proposée par la Chambre.
2. Conservé.		**2.** Tout mineur âgé de dix-huit ans accomplis, et préalablement autorisé par un conseil de famille à faire le commerce, est réputé majeur quant aux engagemens qu'il contracte pour fait de son commerce. L'acte d'autorisation doit être enregistré au tribunal de commerce, dans la quinzaine de sa date.
3. Conservé.		**3.** Sont réputés faits de commerce, tous actes de trafic et négoce de denrées et marchandises; Toutes entreprises de manufactures, de commission, de transport par terre et par eau; Toutes entreprises de constructions maritimes; Toutes opérations de change et de banque; Toutes signatures données sur des lettres de change et billets à ordre.

TITRE II.
Des Livres de commerce.

<table>
<tr><td>

4.

Tout individu, faisant le commerce, est tenu d'avoir un livre-journal qui présente, jour par jour, les opérations de son commerce, et qui énonce, mois par mois, la dépense de sa maison.

Il est tenu de mettre en liasse les lettres missives qu'il reçoit, et d'enregistrer la copie de celles qu'il écrit.

Il est tenu de faire, tous les deux ans, un inventaire sous-seing privé, de ses effets mobiliers et immobiliers,

</td><td>

LES réviseurs disent, page 18 de l'Analyse raisonnée, qu'ils ont reconnu qu'il était des circonstances où un inventaire annuel ne pouvait pas être d'une obligation rigoureuse; ils l'ont, en conséquence, conservé biennal, malgré les réclamations de plusieurs villes, et notamment de celle de Lyon.

</td><td>

TITRE II.
Des Livres de commerce.

4.

Tout individu, faisant le commerce, est tenu d'avoir un livre-journal qui présente, jour par jour, les opérations de son commerce, et qui énonce, mois par mois, la dépense de sa maison.

Il est tenu de mettre en liasse les lettres missives qu'il reçoit, et d'enregistrer la copie de celles qu'il écrit.

Il est tenu de faire, *tous les*

</td></tr>
</table>

RÉDACTION du Projet de Code révisé.	OBSERVATIONS de la Chambre.	RÉDACTION proposée par la Chambre.
et de ses dettes actives et passives. L'inventaire est transcrit sur le livre-journal.	La Chambre insiste aussi sur l'inventaire annuel. Elle ne se dissimule pas que cette disposition peut être gênante ; mais elle invoque cet adage de Montesquieu cité par les réviseurs : *Tout ce qui gêne le commerçant, ne gêne pas le commerce.* Elle ajoute que si c'est une gêne pour le commerçant, cette gêne est utile à lui-même ; que l'homme a besoin quelquefois d'être contraint à faire ce qui lui est le plus avantageux ; enfin, qu'il en résultera pour le public une garantie nouvelle ; et que, plus que jamais, le commerce a besoin d'être accoutumé à l'ordre.	ans, un inventaire sous seing privé, de ses effets mobiliers et immobiliers, et de ses dettes actives et passives. L'inventaire est transcrit sur le livre-journal.
5. Conservé.		5. Le livre-journal est timbré ; Il est coté et paraphé dans la forme prescrite par l'article suivant ; Il est tenu par ordre de date, sans blancs, lacunes ni transports en marge.
ARTICLE ADDITIONNEL. Conservé.		6. Il y a un timbre particulier pour les livres de commerce. Ce timbre porte en légende l'année de son exercice. Le poinçon en est renouvelé tous les ans. Le même livre ne peut être assujetti à plusieurs timbres. Le droit de timbre, sur les livres de commerce, est fixé à cinq centimes par feuille, quelle que soit la dimension du papier.
7. Conservé.		7. Dans les lieux où il y a un tribunal de commerce, le livre mentionné dans les articles qui précèdent, est coté, paraphé et signé sur le premier et dernier

RÉDACTION du Projet de Code révisé.	OBSERVATIONS de la Chambre.	RÉDACTION proposée par la Chambre.
		feuillet, par un juge ou par un délégué du tribunal de commerce.
		Dans les lieux où il n'y a point de tribunal de commerce, le livre est coté, paraphé et signé par le maire ou par un adjoint.
7. Conservé.		8. Les cotes et paraphes sont constatés sur la première page du livre par un acte dressé en forme de procès-verbal, qui énonce la quantité de feuilles employées dans le livre, et qui indique l'année du timbre et les nom et profession du propriétaire du livre.
8. Conservé.		9. Les livres de commerce peuvent, suivant l'urgence des cas, être admis par le juge pour faire preuve entre commerçans.
10. Conservé.		10. La communication des livres et inventaires ne peut être ordonnée en justice que pour succession, communauté, partage de société, et en cas de faillite.
11. Conservé.		11. Dans le cours d'une contestation, la représentation des livres peut être ordonnée par le juge, à l'effet d'en extraire ce qui concerne le différent.
TITRE III. *Des Sociétés.* 12. Conservé.		TITRE III. *Des Sociétés.* 12. Le contrat de société se règle par le droit civil, par les lois particulières au commerce, et par les conventions des parties. 13.

RÉDACTION du Projet de Code révisé.	OBSERVATIONS de la Chambre.	RÉDACTION proposée par la Chambre.
13. Conservé.		**13.** La loi reconnaît quatre espèces de sociétés commerciales: La société en nom collectif; La société en commendite; La société en participation; La société par actions.
14. Conservé.		**14.** La société en nom collectif se contracte par deux ou plusieurs personnes, pour faire le commerce sous un nom social. Le nom des associés peut, seul, faire partie du nom social. Les associés sont solidaires pour toutes les dettes de la société.
15. Conservé.		**15.** La société en commendite se contracte entre un ou plusieurs associés ordinaires et un ou plusieurs associés, simples bailleurs de fonds, que l'on nomme commenditaires ou actionnaires en commendite. Elle est régie sous un nom social.
16. Le nom de l'associé commenditaire ne peut faire partie du nom social. L'associé commenditaire n'est tenu que de la perte des fonds qu'il a mis ou dû mettre dans la société.	**16.** Le paragraphe ajouté à l'article a paru nécessaire pour exprimer, d'une manière positive, que le commenditaire est responsable de la totalité de la somme qu'il a mise ou dû mettre dans la société: l'expression du paragraphe précédent étant négative, n'était pas assez explicite. On a objecté que les prélèvemens ne s'opèrent que lorsqu'il y a bénéfice constaté par l'inventaire; que dès-lors le capital	**16.** Le nom de l'associé commenditaire ne peut faire partie du nom social. L'associé commenditaire n'est tenu que de la perte des fonds qu'il a mis ou dù mettre dans la société. *Dans le cas où des prélèvemens auraient réduit le capital, le commenditaire sera tenu de les rapporter.*

B

RÉDACTION du Projet de Code révisé.	OBSERVATIONS de la Chambre.	RÉDACTION proposée par la Chambre.
de la commendite reste entier, et se trouve tacitement reconstitué chaque année. Mais il est à remarquer que les bénéfices constatés par un inventaire ne sont que présumés; qu'ils reposent sur la supposition de la solidité et fixité des valeurs qui constituent l'actif; valeur qu'un jour après le partage, un accident peut altérer ou détruire. Cette considération, jointe à celle que l'expression négative du second paragraphe n'était pas suffisamment explicite, a déterminé l'opinion de la chambre en faveur de l'addition proposée.		
17. Conservé.		**17.** L'associé commenditaire ne peut concourir comme gérent, aux achats, ventes, obligations et engagemens concernant la société.
18. Conservé.		**18.** En cas de contravention à la prohibition mentionnée dans l'article précédent, l'associé commenditaire est obligé, solidairement avec les associés ordinaires, pour toutes les dettes de la société.
19. Conservé.		**19.** La société en participation se contracte entre deux ou plusieurs personnes pour faire une ou plusieurs opérations de commerce, dans les formes, proportions et conditions convenues entre les participans. Elle peut être constatée par la simple correspondance, ou par la preuve testimoniale, si le tribunal juge qu'elle peut être admise.
20. Conservé.		**20.** La société par actions n'est

RÉDACTION du Projet de Code révisé.	OBSERVATIONS de la Chambre.	RÉDACTION proposée par la Chambre.
		connue que par une qualification relative à son objet.
		Son capital se forme par un nombre déterminé d'actions.
		Elle est régie par des administrateurs qui sont actionnaires ou salariés ;
		Elle ne peut avoir lieu sans l'autorisation du Gouvernement.
		Les actionnaires ne sont tenus que de la perte du montant de leurs actions.
21. Conservé.		**21.** Les sociétés en nom collectif, en commendite et par actions, doivent être constatées par actes publics, ou par actes sous signatures privées. Les actes de société ne sont assujétis qu'à un droit fixe de trois francs d'enregistrement.
22. Conservé.		**22.** Aucune preuve par témoins ne peut être admise contre et outre le contenu dans les actes de société, ni sur ce qui serait allégué avoir été dit avant, lors ou depuis l'acte, encore qu'il s'agisse d'une somme au-dessous de cent francs.
23. Conservé.		**23.** L'extrait des actes de société doit être remis, dans le délai de quinzaine de leur date, au greffe du tribunal de commerce de l'arrondissement dans lequel sont établies la maison, ou les maisons du commerce social, pour être transcrit sur le registre

RÉDACTION du Projet de Code révisé.	OBSERVATIONS de la Chambre.	RÉDACTION proposée par la Chambre.
		et affiché dans la salle des audiences.
		L'extrait doit contenir,
		Les noms, prénoms, qualités et demeures des associés, autres que les actionnaires et les commenditaires ;
		La désignation de ceux des associés autorisés à gérer, administrer et signer pour la société ;
		Le montant des valeurs fournies par actions ou en commendite ;
		L'époque où la société doit commencer, et celle où elle doit finir.
		L'extrait des actes de société est signé par tous les associés, pour la société en nom collectif ;
		Par les associés solidaires, pour la société en commendite ;
		Par les régens ou administrateurs, pour la société par actions.
24. Conservé.		**24.** Toute continuation de société, après son terme expiré, sera constatée par une déclaration des coassociés. Cette déclaration et tous actes portant dissolution de société, changement ou retraite d'associés, nouvelles stipulations, ou clauses pour la signature, sont soumis aux formalités prescrites par les articles précédens.
ARTICLE ADDITIONNEL. Conservé.		**25.** En cas de contravention aux articles 23 et 24, l'acte primitif de la société continuera d'être valable à l'égard des créanciers

RÉDACTION du Projet de Code révisé.	OBSERVATIONS de la Chambre.	RÉDACTION proposée par la Chambre.
		de la société ; et les coassociés, même les commenditaires, seront solidairement condamnés à une amende qui ne pourra être moindre du dixième de la mise de fonds.
25. Conservé.		26. Toute contestation entre associés et pour raison de la société, est jugée par des arbitres. Le jugement arbitral est définitif, si les parties ne se sont expressément réservé la voie de l'appel et celle du pourvoi en cassation. Ne peuvent être arbitres ceux qui ont fait faillite, s'ils n'ont été réhabilités.
26. Conservé.		27. La nomination des arbitres se fait par un compromis sous signatures privées ; Par un acte notarié ; Par des sommations ; Par un consentement donné en justice.
27. Conservé.		28. En cas de refus de l'un ou de plusieurs des associés de nommer des arbitres, les arbitres pour les refusans sont nommés d'office par le tribunal de commerce, dix jours après la sommation.
28. Conservé.		29. Les parties remettent leurs pièces et mémoires aux arbitres, sans aucune formalité de justice.
29. Conservé.		30. L'associé en retard de remettre les pièces et mémoires,

RÉDACTION du Projet de Code révisé.	OBSERVATIONS de la Chambre.	RÉDACTION proposée par la Chambre.
		est sommé de le faire dans les dix jours.
		31. Les arbitres peuvent, suivant l'exigence des cas, proroger le délai.
3·. Conservé.		**32.** S'il n'y a renouvellement de délai, ou si le nouveau délai est expiré, les arbitres jugent sur les seules pièces et mémoires remis.
31. Conservé.		**33.** En cas de partage, les arbitres nomment un sur-arbitre, s'il n'a été nommé par les parties; Si les arbitres sont divisés d'opinion sur le choix, le sur-arbitre est nommé par le tribunal de commerce.
32. Conservé.		**34.** Le jugement arbitral est motivé; Il est déposé au greffe du tribunal de commerce; Il est rendu exécutoire par une ordonnance du président du tribunal.
33. Conservé.		**35.** Les dispositions ci-dessus sont communes aux veuves, héritiers ou ayant-cause des associés, encore qu'ils soient mineurs.
34. Conservé.		**36.** Le mari dont la femme fait notoirement le commerce, est responsable des engagemens
35. Conservé.		

RÉDACTION du Projet de Code révisé.	OBSERVATIONS de la Chambre.	RÉDACTION proposée par la Chambre.
		qu'elle contracte pour les faits de son commerce, si elle n'est séparée de biens avec lui, et si la séparation n'a été enregistrée, publiée et affichée dans les formes et délais prescrits par l'article 38.
ARTICLE ADDITIONNEL. Conservé.		37. Toutes actions contre les associés, non liquidateurs, et leurs veuves, héritiers ou ayant-cause, sont prescrites cinq ans après la dissolution de la société, si l'acte de dissolution a été affiché et enregistré conformément aux articles 23 et 24, et si, depuis cette formalité remplie, la prescription n'a été interrompue à leur égard par aucune poursuite judiciaire.
TITRE IV. *Des Séparations de biens.* 37. Conservé.		TITRE IV. *Des Séparations de biens.* 38. La séparation de bien existe; Par la stipulation de non-communauté dans le contrat de mariage; Par un jugement rendu postérieurement au mariage. Dans le premier cas, la clause du contrat de mariage doit être transcriste sur le registre du greffe du tribunal de commerce de l'arrondissement, publiée et affichée dans les dix jours de la date de l'acte civil qui constate le mariage. Dans le second cas, la même formalité doit avoir lieu pour le jugement qui prononce la

RÉDACTION du Projet de Code révisé.	OBSERVATIONS de la Chambre.	RÉDACTION proposée par la Chambre.
		séparation, dans les dix jours de sa date. Si l'un des deux époux entreprend le commerce, postérieurement à la stipulation de non-communauté, ou postérieurement au jugement de séparation de biens, il est tenu de remplir la formalité prescrite, dans les dix jours après l'établissement de son commerce.
38. Conservé.		39. A défaut de l'exécution de cette formalité dans les délais prescrits par l'article précédent, la séparation de biens ne peut être opposée aux créanciers, même sous prétexte de minorité de l'un des deux époux, sauf le recours contre son tuteur.
39. Conservé.		40. Pour obtenir la séparation de biens en justice, la femme est tenue d'appeler dans l'instance les créanciers du mari; Les créanciers connus, par la voie de la citation; Les créanciers inconnus, par la voie du cri public, et par affiche à la porte extérieure du tribunal.
40. Conservé.		41. Tout créancier peut contester la demande en séparation de biens. Il peut, lorsque la séparation est prononcée, prendre connaissance de la liquidation des droits de la femme, contredire ses

RÉDACTION du Projet de Code révisé.	OBSERVATIONS de la Chambre.	RÉDACTION proposée par la Chambre.
		ses prétentions et le mode de paiement.
TITRE V. *Des Agens de change et Courtiers.*		**TITRE V.** *Des Agens de change et Courtiers.*
42. Conservé.		**42.** La loi reconnaît, en fait de commerce, des agens intermédiaires ; L'agent de change, Le courtier.
43. Conservé.		**43.** L'agent de change constate le cours du change. Le courtier constate le cours des marchandises, celui des assurances du fret.
44. Conservé.		**44.** Ne peuvent être agens de change ni courtiers, ceux qui ont fait faillite, s'ils ne sont réhabilités.
45. Les agens de change et courtiers sont tenus d'avoir un livre revêtu des formes prescrites par les articles 4, 5, 6 et 7. Ils sont tenus de consigner dans ce livre, jour par jour, et par ordre dé dates, sans ratures, interlignes ni transpositions, et sans abréviations ni chiffres, toutes les conditions des ventes et achats faits par leur ministère.	Les opérations des agens de change et courtiers ne se réduisent pas toutes à des ventes et achats ; elles embrassent d'autres espèces de négociations, telles, par exemple, que celle du fret, d'assurance, &c. Il est donc nécessaire que des termes généraux embrassent tous les actes de commerce qui se font par leur entremise.	**45.** Les agens de change et courtiers sont tenus d'avoir un livre revêtu des formes prescrites par les articles 4, 5, 7 et 8. Ils sont tenus de consigner dans ce livre, jour par jour, et par ordre de dates, sans ratures, interlignes ni transpositions, et sans abréviations ni chiffres, toutes les conditions *des opérations de toute nature* faites par leur ministère.
46. Conservé.		**46.** Un agent de change ou courtier ne peut, dans aucun cas et sous aucun prétexte, faire des

RÉDACTION du Projet de Code révisé.	OBSERVATIONS de la Chambre.	RÉDACTION proposée par la Chambre.
		opérations de commerce ou de banque pour son compte ;
		Il ne peut s'intéresser directement ni indirectement, sous son nom ou sous un nom interposé, dans aucune entreprise commerciale ;
		Il ne peut recevoir ni payer pour le compte de ses commettans ;
		Il ne peut se rendre garant de l'exécution des marchés dans lesquels il s'entremet.
47. Conservé.		47. Toute contravention aux dispositions énoncées dans les deux articles précédens, entraîne la peine de destitution et une condamnation d'amende qui ne peut être moindre de trois mille francs, sans préjudice de l'action des parties en dommages et intérêts. En cas de faillite, tout agent de change ou courtier est poursuivi comme banqueroutier.
48. Conservé.		48. Tout agent de change ou courtier destitué, ne peut être réintégré dans ses fonctions.
ARTICLE ADDITIONNEL. Conservé.		ARTICLE ADDITIONNEL. Le Gouvernement détermine par des réglemens particuliers la forme et les effets des transactions qui s'opèrent dans la bourse de Paris.
TITRE VI. Des Bourses de commerce. 49. Conservé.		TITRE VI. Des Bourses de commerce. 49. La bourse se constitue, sous l'autorité du Gouvernement,

RÉDACTION du Projet de Code révisé.	OBSERVATIONS de la Chambre.	RÉDACTION proposée par la Chambre.
		par la réunion des commerçans, capitaines de navires, agens de change et courtiers. Le résultat des négociations et des transactions qui s'opèrent dans la bourse, détermine le cours du change et des marchandises.

50.

Conservé.

50.

Le cours du change, des marchandises, des assurances et du fret, est constaté par les agens de change et courtiers, dans la forme prescrite par les réglemens de police intérieure pour chaque bourse de commerce.

51.

Il y a, dans chaque bourse de commerce, un bureau d'arbitrage composé de commerçans.

Le nombre des arbitres, la forme de leur élection, la durée de leurs fonctions, sont déterminés par le réglement de police intérieure de chaque bourse.

51.

Il y a, dans chaque bourse de commerce, un bureau d'arbitrage composé de commerçans.

Le nombre des arbitres, la forme de leur élection, la durée de leurs fonctions, sont déterminés par le réglement de police intérieure de chaque bourse ; *sans préjudice du droit des parties de choisir elles-mêmes d'autres arbitres.*

L'utilité d'un bureau d'arbitrage n'est pas douteuse : par lui, les besoins sont en quelque sorte prévenus ; et la difficulté qui ne fait que de naître, est résolue sans retard et sans frais.

Mais n'est-il pas de l'essence du jugement arbitral, que le choix des arbitres appartienne aux parties ! Et limiter ce choix à un nombre déterminé de négocians, prud'hommes élus par la bourse, n'est-ce pas établir des juges plutôt que des arbitres !

Ne peut-on pas craindre que dans plusieurs bourses, et surtout dans celle de Paris, les négocians composant la liste de cette espèce de jury commercial, occupés de leurs propres affaires, ne se trouvent fréquemment absens pour la plupart ! d'où résulterait pour les contendans la nécessité de porter leurs affaires au jugement de personnes qui peut-être ne leur agréeraient pas.

Et n'est-il pas possible que de telles fonctions, remplies avec zèle par le négociant flatté du choix que l'on vient de faire de lui, ne le soient qu'avec négligence et dégoût par des jurés

RÉDACTION du Projet de Code révisé.	OBSERVATIONS de la Chambre.	RÉDACTION proposée par la Chambre.

ordinaires, pour qui elles deviendront une corvée habituelle!

Alors ne pourrait-il pas résulter ce qui est arrivé dans les justices de paix trop occupées; c'est-à-dire, que l'obligation de comparaître dégénère en une simple formalité, sans aucun fruit, et que la plupart du temps, au lieu d'écouter les parties et de terminer la difficulté, les arbitres se débarrassent d'elles à la hâte par un certificat de non-conciliation?

Ainsi, loin d'atteindre son but, la loi, en constituant les bureaux d'arbitrage, n'aurait fait que créer un nouveau degré de juridiction, et aurait privé le commerce des avantages qu'il retire de ces arbitrages, aujourd'hui volontairement et librement usités.

Mais, d'une autre part, les fonctions attribuées par l'article 53 aux arbitres, exigent qu'ils forment un jury constitué.

Les listes de jurés dressées par la bourse, ne se rempliront sans-doute que de noms respectables, faits pour donner plus de poids aux décisions arbitrales.

Ces diverses considérations ont suggéré à la Chambre l'idée conciliatrice d'adopter l'article 51, mais avec la réserve pour les parties de choisir elles-mêmes des arbitres hors du jury commercial.

Ainsi subsistera le bureau d'arbitrage constitué, offert aux parties contendantes à l'instant du besoin; chargé, en cas de désordre, de requérir la force publique; et dont les membres, élus par la bourse entière, seront sans-doute aussi le plus souvent adoptés par les parties, mais n'exclueront pas d'autres arbitres choisis par elles à l'instant et de préférence.

52.		52.
Toutes les contestations qui surviennent pendant la tenue de la bourse, à raison de négociations et transactions commerciales qui s'y opèrent, sont référées aux arbitres, qui, à défaut de comparution de l'une des parties, ou de conciliation entre elles, les renvoient devant le tribunal de commerce.	L'obligation de se présenter au bureau d'arbitrage en cas de contestation, n'a pas paru énoncée d'une manière assez explicite. Par l'insertion du mot *indispensablement*, le but du paragraphe semble mieux rempli; et le tribunal n'ad-	Toutes les contestations qui surviennent pendant la tenue de la bourse, à raison de négociations et transactions qui s'y opèrent, sont *indispensablement* référées aux arbitres, qui, à défaut de comparution de l'une des parties ou de conciliation

RÉDACTION du Projet de Code révisé.	OBSERVATIONS de la Chambre.	RÉDACTION proposée par la Chambre.
La citation devant les arbitres est faite par l'une des parties, verbalement et en présence de témoins, avant la clôture de la bourse. Le certificat de non-conciliation ne donne ouverture à aucuns droits de timbre ni d'enregistrement. **53.** Conservé. **54.** (Porté au dernier article du titre des *Banqueroutes.*) **TITRE VII.** *Des Commissionnaires.* **55.** Le commissionnaire est celui qui agit en son propre nom ou sous un nom social, pour le compte du commettant. **60.** Conservé.	mettra les parties que lorsqu'elles présenteront leur certificat de non-conciliation. Correction grammaticale d'une faute échappée, sans-doute, à l'imprimeur. Les articles 56, 57, 58 et 59, supprimés.	entre elles, les renvoient devant le tribunal de commerce. La citation devant les arbitres est faite par l'une des parties, verbalement et en présence de témoins, avant la clôture de la bourse. Le certificat de non-conciliation ne donne ouverture à aucuns droits de timbre ni d'enregistrement. **53.** En cas de trouble et d'excès commis dans l'intérieur de la bourse, les arbitres requièrent l'intervention de l'autorité publique. **54.** (Porté au dernier article du du titre des *Banqueroutes.*) **TITRE VII.** *Des Commissionnaires.* **55.** Le commissionnaire est celui qui agit en son propre nom, ou sous un nom social pour le compte d'*un* commettant. **60.** Tout commerçant qui a fait des avances sur des marchandises, à lui expédiées pour être vendues pour le compte du commettant, a privilége pour le remboursement de ses avances, intérêts et frais, sur la valeur des marchandises, si elles sont à sa disposition, dans ses magasins, ou dans un dépôt public, ou s'il constate l'expédition qui lui en a été faite par un connaissement ou par une lettre-de-voiture.

RÉDACTION du Projet de Code révisé.	OBSERVATIONS de la Chambre.	RÉDACTION proposée par la Chambre.

Si les marchandises ont été vendues et livrées pour le compte du commettant, le commissionnaire se rembourse sur le produit de la vente, du montant de ses avances, par préférence aux créanciers du commettant.

61.

Toutes avances ou paiemens qui pourraient être faits sur des marchandises déposées ou consignées par un individu résidant dans le lieu du domicile du commissionnaire, donnent privilége au commissionnaire, s'il s'est conformé aux dispositions prescrites par le code civil, pour les prêts sur gages ou nantissemens,

Avec le tribunal de cassation, la Chambre a pensé qu'une entière liberté dans les prêts sur dépôt de marchandises, loin d'être favorable à l'usure, devait, en diminuant les risques du prêteur, opérer la réduction du taux de l'intérêt; que les prêts sur dépôt, toujours utiles, souvent indispensables au commerce dans les momens de gêne, deviendront une opération simple, fréquente, pratiquée par des capitalistes honnêtes; tandis que, sous leur prohibition, les usuriers seuls rendent aujourd'hui ce service au poids de l'or, par les moyens tortionnaires qui ne manquent jamais à la mauvaise foi;

Que l'abus, ou plutôt le scandale, des maisons de prêt qui alimentent les tripots, n'a rien de commun avec les opérations commerciales dont il s'agit.

Il est à remarquer encore que le droit proportionnel pour les prêts sur dépôts de marchandises, équivaudrait à leur prohibition; d'où il résulte que la réduction de ce droit à une somme fixe de trois francs, loin d'être nuisible au trésor public, ne peut qu'améliorer insensiblement cette branche de perception.

Ces motifs réunis font préférer à l'art. 61 du Projet de code, celui proposé par les commissaires rédacteurs, page 39 de l'Analyse raisonnée des observations des tribunaux.

61.

Tous prêts ou avances faits sur des marchandises déposées ou consignées par un individu résidant dans le lieu du domicile du commissionnaire ou dépositaire, sont remboursés, par préférence, sur la valeur des marchandises, si le dépôt ou la consignation sont constatés par un acte sous-seing privé, et duement enregistré contenant :

Les conditions du prêt et de son remboursement;

Une facture énonciative des quantités, qualités et prix des marchandises déposées ou consignées;

L'énonciation des sommes prêtées ou avancées.

L'acte de dépôt n'est assujetti qu'à un droit fixe de trois francs pour l'enregistrement, quelle que soit la somme prêtée ou avancée.

RÉDACTION de Projet de Code révisé.	OBSERVATIONS de la Chambre.	RÉDACTION proposée par la Chambre.

Des commissionnaires pour le Roulage.

62.

Le commissionnaire qui se charge d'un transport par terre ou par eau, est tenu d'inscrire sur son livre-journal la déclaration des marchandises et de leur valeur, s'il en est requis.

Il est garant de l'arrivée des marchandises et effets, dans le délai déterminé par la lettre-de-voiture, hors le cas de la force majeure légalement constatée.

Il est garant des avaries, naufrages ou perte de marchandises et effets, s'il n'y a stipulation contraire dans la lettre-de-voiture, ou force majeure.

Il est garant des faits du commissionnaire intermédiaire auquel il adresse les marchandises.

ARTICLE ADDITIONNEL.

A défaut par l'expéditeur de faire inscrire sur le registre du commissionnaire, la déclaration des marchandises et de leur valeur, et, en cas de perte des marchandises, le commissionnaire ne sera tenu de payer, pour toute indemnité, que la somme de 300 francs.

2.ᵉ ARTICLE ADDITIONNEL.

La marchandise sortie du magasin du vendeur ou de l'expéditeur, voyage aux risques et périls de celui auquel elle est destinée, sauf son recours contre le commissionnaire et le voiturier chargés du transport, s'il n'y a convention contraire.

La transposition des mots, *s'il en est requis*, et leur clôture entre deux parenthèses, étaient nécessaires pour que cette restriction ne pût être appliquée qu'à la *déclaration de la valeur des marchandises : leur énumération n'est pas facultative.*

Correction analogue à celle de l'article précédent.

Ces expressions : aux risques et périls de celui à qui *elle est destinée*, ne paraissent pas assez précises ; c'est l'axiome : *res perit domino*, qu'ici l'on a voulu sans doute appliquer ; car on ne peut rendre un destinataire responsable d'un envoi qu'il n'aurait pas ordonné.

Des Commissionnaires pour le Roulage.

62.

Le commissionnaire qui se charge d'un transport, par terre ou par eau, est tenu d'inscrire sur son livre-journal la déclaration des marchandises, et (*s'il en est requis*) de leur valeur.

Il est garant de l'arrivée des marchandises et effets dans le délai déterminé par la lettre-de-voiture, hors le cas de la force majeure, légalement constatée.

Il est garant des avaries, naufrages ou perte des marchandises et effets, s'il n'y a stipulation contraire dans la lettre-de-voiture, ou force majeure.

Il est garant des faits du commissionnaire intermédiaire auquel il adresse les marchandises.

ARTICLE ADDITIONNEL.

A défaut par l'expéditeur de faire *insérer* sur le registre du commissionnaire, la déclaration *de la valeur des marchandises, le commissionnaire, en cas de perte de ces marchandises*, ne sera tenu de payer, pour toute indemnité, qu'une somme de 300 fr.

ARTICLE ADDITIONNEL.

La marchandise sortie du magasin du vendeur ou de l'expéditeur, voyage, s'il n'y a convention contraire, aux risques et périls de celui *à qui elle appartient*, sauf son recours contre le commissionnaire et le voiturier chargés du transport.

RÉDACTION du Projet de Code révisé.	OBSERVATIONS de la Chambre.	RÉDACTION proposée par la Chambre.
La réserve : *s'il n'y a convention contraire*, placée à la fin de l'article, semblait s'appliquer au recours à exercer contre les entrepreneurs du transport, tandis qu'au contraire elle n'a trait qu'à la question de savoir aux risques et périls de qui, de l'expéditeur ou de l'acheteur, voyage la marchandise.		
63.		**63.**
Conservé.		La lettre-de-voiture est un contrat qui se forme entre l'expéditeur et le voiturier, ou entre l'expéditeur, le commissionnaire et le voiturier.
64.	**64.**	**64.**
La lettre-de-voiture est datée. Elle exprime	Léger vice de rédaction corrigé.	La lettre-de-voiture est datée. Elle exprime
La nature et le poids des objets à transporter,		La nature et le poids des objets à transporter,
Le délai dans lequel le transport doit être effectué.		Le délai dans lequel le transport doit être effectué.
Elle indique		Elle indique
Le nom et le domicile du commissionnaire par l'entremise duquel le transport s'opère,		Le nom et le domicile du commissionnaire par l'entremise duquel le transport s'opère,
Le nom et le domicile du voiturier,		Le nom et le domicile du voiturier,
La route qu'il doit tenir.		La route qu'il doit tenir.
Elle énonce		Elle énonce
Le prix de la voiture,		Le prix de la voiture,
L'indemnité due pour cause de retard.		L'indemnité due pour cause de retard.
Elle est signée par l'expéditeur ou le commissionnaire, et par le voiturier.		Elle est signée par l'expéditeur ou le commissionnaire, et par le voiturier ; *et si ce dernier ne sait pas écrire ni signer*, il en est fait mention sur la lettre de voiture.
En cas d'impuissance de la part du voiturier, il en est fait mention sur la lettre-de-voiture.		
Elle présente en marge		Elle présente en marge
Les marques et numéros des objets à transporter,		Les marques et numéros des objets à transporter,
		L'adresse

RÉDACTION du Projet de Code révisé.	OBSERVATIONS de la Chambre.	RÉDACTION proposée par la Chambre.
L'adresse de celui auquel l'expédition est faite. La lettre de voiture est faite en trois originaux : Un pour l'expéditeur, Un pour celui auquel la marchandise est adressée, Un pour le voiturier.		L'adresse de celui auquel l'expédition est faite. La lettre de voiture est faite en trois originaux : Un pour l'expéditeur, Un pour celui auquel la marchandise est adressée, Un pour le voiturier.
Du Voiturier.		*Du voiturier.*
65. Conservé.		65. Le voiturier est garant de la perte des objets à transporter, hors les cas de force majeure. Il est garant des avaries autres que celles qui proviennent du vice propre de la chose ou de la force majeure.
66. Conservé.		66. Si, par l'effet de la force majeure, le transport n'est pas effectué dans le délai convenu, il n'y a pas lieu à l'indemnité contre le voiturier pour cause de retard.
67. Conservé.		67. La réception des objets transportés et le paiement du prix de la voiture, éteignent toute action contre le voiturier.
68. Conservé.		68. En cas de refus et contestation pour la réception des objets transportés, leur état est juridiquement vérifié et constaté. Le transport dans un dépôt public peut en être ordonné. La vente peut en être ordonnée en faveur du voiturier, jusqu'à concurrence du prix de la voiture.

D.

RÉDACTION du Projet de Code révisé.	OBSERVATIONS de la Chambre.	RÉDACTION proposée par la Chambre.
ARTICLE ADDITIONNEL. Conservé.		ARTICLE ADDITIONNEL. Les dispositions, contenues dans le présent titre, sont communes aux maîtres de bateaux, entrepreneurs de diligences et voitures publiques.
2.e ARTICLE ADDITIONNEL. Conservé.		2.e ARTICLE ADDITIONNEL. Toutes actions contre le commissionnaire et le voiturier sont prescrites après six mois pour les expéditions faites dans l'intérieur de la France, et après un an pour celles faites dans l'étranger; le tout à compter de la date de la lettre de voiture.
TITRE VIII. *Des Achats et Ventes.* 69. Conservé.		TITRE VIII. *Des Achats et Ventes.* 69. Les achats et ventes se constatent : Par actes publics; Par actes sous signatures privées; Par le bordereau ou arrêté d'un agent de change ou courtier, duement signé par les parties; Par une facture acceptée; Par la simple correspondance; Par la preuve testimoniale, dans le cas où le tribunal croit devoir l'admettre.
70. Supprimé.	L'art. 70 supprimé au moyen de la preuve par témoins laissée aux juges.	
TITRE IX. *Du Prêt à intérêt.* 71. Le taux de l'intérêt se règle, dans le commerce, par les conventions des parties. A défaut de conventions, il est	L'épithète de *légal*, jointe au taux de l'intérêt fixé par le Gouvernement, semblerait par oppo-	TITRE IX. *Du Prêt à intérêt.* 71. Le taux de l'intérêt se règle dans le commerce par les conventions des parties. A défaut de conventions, il

RÉDACTION du Projet de Code révisé.	OBSERVATIONS de la Chambre.	RÉDACTION proposée par la Chambre.

RÉDACTION
du Projet de Code révisé.

OBSERVATIONS
de la Chambre.

RÉDACTION
proposée par la Chambre.

---

fixé d'après le taux légal déterminé par le Gouvernement.

TITRE X.
De la Lettre de Change.

72.

La lettre de change est tirée d'un lieu sur un autre.

Elle est datée.

Elle énonce

La somme à payer,

Le nom de celui qui doit la payer,

L'époque et le lieu où le paiement doit s'effectuer,

La valeur pour laquelle elle est fournie.

Elle est à l'ordre d'un tiers, ou à l'ordre du tireur lui-même ;

Elle exprime si elle est première, seconde, troisième, quatrième, &c.

---

sition frapper d'illégalité celui que règlent les conventions des parties ; elle est d'ailleurs inutile :

Un article supprimé (le 74.ᵉ) portait :

« Un engagement en forme de
» lettre de change, fait et payable
» dans le même lieu, est un simple
» mandat. »

La chambre s'est demandé pourquoi deux effets de commerce de même nature et de même forme, n'auraient pas les mêmes effets! Si les lettres de change, tirées d'un lieu sur le même lieu, n'étaient pas tout aussi naturelles que celles tirées d'un lieu sur un autre, tout aussi utiles, tout aussi commodes pour le commerce, sur-tout dans une ville telle que Paris! Et convaincue que la distinction qui se trouvait établie entre l'une et l'autre espèce, par l'article 72, tel qu'il était rédigé, ne pouvoit être attribuée qu'à un respect trop servile pour l'ancienne ordonnance, très-bien faite sans doute, mais susceptible néanmoins d'améliorations, elle a cru devoir faire disparaître cette distinction; et elle a pensé que c'était l'unique moyen de prévenir, en grande partie, l'abus toléré, et cependant grave, qui fait tirer journellement à Paris des lettres de change datées de l'étranger.

---

est fixé d'après le taux déterminé par le Gouvernement.

TITRE X.
De la Lettre de Change.

72.

La lettre de change est tirée d'un lieu sur un autre, *ou sur le même lieu.*

Elle est datée *du lieu où se trouve le tireur.*

Elle énonce

La somme à payer,

Le nom de celui qui doit la payer,

L'époque et le lieu où le paiement doit s'effectuer,

La valeur pour laquelle elle est fournie.

Elle est à l'ordre d'un tiers, ou à l'ordre du tireur lui-même.

Elle exprime si elle est première, seconde, troisième, quatrième, &c.

73.

Conservé.

73.

Une lettre de change peut être tirée sur un individu, et payable au domicile d'un tiers;

Elle peut être tirée pour le compte d'un tiers.

RÉDACTION du Projet de Code révisé.	OBSERVATIONS de la Chambre.	RÉDACTION proposée par la Chambre.
74. Supprimé. *De la Provision.* 75. Conservé.		74. Supprimé. *De la Provision.* 75. La provision doit être faite par le tireur, ou par celui pour le compte duquel la lettre de change est tirée.
76. Conservé.		76. Il y a provision si, à l'échéance de la lettre de change, celui sur qui elle est fournie doit au tireur une somme liquide égale au montant de la lettre de change.
77. Conservé.		77. L'acceptation suppose la provision; Elle en établit la preuve à l'égard des endosseurs seulement.
De l'Acceptation. 78. Conservé.		*De l'Acceptation.* 78. Le tireur d'une lettre de change est garant de l'acceptation du paiement.
79. Conservé.		79. Le refus d'acceptation est constaté par un acte que l'on nomme protêt faute d'acceptation.
80. Conservé.		80. Sur la notification du protêt faute d'acceptation, le tireur et les endosseurs sont tenus de donner caution pour assurer le paiement de la lettre de change à son échéance, ou d'en effectuer le remboursement, et celui des frais de protêt et de rechange. Dans le cas du remboursement, celui qui l'effectue a

RÉDACTION du Projet de Code révisé.	OBSERVATIONS de la Chambre.	RÉDACTION proposée par la Chambre.
		droit de retenir l'intérêt du montant de la lettre de change, au cours de la place, à dater du jour du remboursement jusqu'à celui de l'échéance.
81. Conservé.		81. Celui qui accepte une lettre de change, contracte l'obligation d'en payer le montant.
82. Conservé.		82. L'acceptation d'une lettre de change doit être signée. Elle est exprimée par le mot *accepté.* Elle énonce la somme portée en la lettre de change. Elle est datée, si la lettre de change est à un ou plusieurs jours ou mois de vue.
83. Conservé.		83. L'acceptation d'une lettre de change payable dans un autre lieu que celui de la résidence de l'accepteur, indique le domicile où le paiement doit être effectué.
84. L'acceptation est irrévocable. Elle ne peut être conditionnelle ni restrictive.	Il est bien, sans doute, que l'acceptation ne puisse être conditionnelle ; il n'y a pas même d'inconvénient à ce qu'elle ne puisse être restreinte quant aux termes d'échéance ; mais l'intérêt des endosseurs semble exiger qu'une traite, excédant la somme due au tireur, puisse être acceptée pour la somme dont le tiré se reconnaît débiteur. En cas de faillite du tireur, les endosseurs sauveront au moins une partie de leurs valeurs fournies en échange de l'assignation donnée sur l'accepteur. Une telle disposition paraît juste : elle est analogue à l'ar-	84. L'acceptation est irrévocable. Elle ne peut être conditionnelle ; mais elle peut être restreinte quant à la somme acceptée : dans ce cas, le porteur est tenu de faire protester la lettre de change pour le surplus.

RÉDACTION du Projet de Code révisé.	OBSERVATIONS de la Chambre.	RÉDACTION proposée par la Chambre.
ticle 115, conforme à la nature de cette espèce de transaction, et n'entraîne aucun inconvénient, dès qu'il y a obligation de faire protêt pour le déficit.		
85. Conservé.		**85.** Une lettre de change doit être acceptée dans les vingt-quatre heures de sa présentation.
86. Conservé.		**86.** L'acceptation peut se requérir jusqu'à la veille de l'échéance de la lettre de change.
87. Conservé.		**87.** Lors du protêt faute d'acceptation, la lettre de change peut être acceptée par un tiers intervenant, pour le tireur ou l'un des endosseurs. L'intervention est mentionnée dans l'acte du protêt; elle est signée par l'intervenant.
88. Conservé.		**88.** Le porteur de la lettre de change conserve tous ses droits contre le tireur et les endosseurs, à raison du défaut d'acceptation par celui sur qui la lettre était tirée, nonobstant toutes acceptations par intervention.
De l'Échéance. **89.** Conservé.		*De l'Échéance.* **89.** Une lettre de change peut être tirée : A vue, A un ou plusieurs jours ou plusieurs mois de vue, A un ou plusieurs jours ou plusieurs mois de date,

RÉDACTION du Projet de Code révisé.	OBSERVATIONS de la Chambre.	RÉDACTION proposée par la Chambre.
		A une ou plusieurs usances, A jour fixe, En foire.
90. Conservé.		90. La lettre de change à vue est payable à sa présentation.
91. Conservé.		91. L'échéance d'une lettre de change à plusieurs jours ou à plusieurs mois de vue, est fixée par la date de l'acceptation ou du protêt faute d'acceptation.
92. Conservé.		92. L'usance et le mois sont de trente jours, qui courent du lendemain de la date de la lettre de change.
93. Conservé.		93. Une lettre de change payable en foire, est échue la veille du jour fixé pour la clôture de la foire.
94. Conservé.		94. Si l'échéance d'une lettre de change est à un jour de repos indiqué par la loi, elle est payable le lendemain.
95. Conservé.		95. Tous délais de grace, de faveur, d'usage ou d'habitudes locales pour le paiement des lettres de change, sont abrogés.
De l'Endossement. 96. Conservé.		*De l'Endossement.* 96. La propriété d'une lettre de change se transmet par la voie de l'endossement.

RÉDACTION du Projet de Code révisé.	OBSERVATIONS de la Chambre.	RÉDACTION proposée par la Chambre.
97. Conservé.		97. L'endossement est daté. Il exprime la valeur fournie. Il énonce le nom de celui à l'ordre duquel il est passé.
98. Conservé.		98. Toute contravention aux dispositions énoncées dans l'article précédent, annulle l'effet du transport ; la lettre de change peut être saisie comme propriété de l'endosseur.
99. Conservé.		99. L'antidate d'un endossement entraîne la peine de faux.
De la Solidarité. 100. Conservé.		*De la Solidarité.* 100. Tous ceux qui ont signé ou endossé une lettre de change, sont tenus à la garantie envers le porteur.
De l'Aval. 101. Conservé.		*De l'Aval.* 101. Le paiement d'une lettre de change, indépendamment de l'acceptation et de l'endossement, peut être garanti par la voie de l'aval.
102. Conservé.		102. Cette garantie est fournie par un tiers. Les effets de cette partie sont déterminés par les conventions des parties.
103. Conservé.		103. A défaut de paiement, et s'il n'y a stipulation contraire, les poursuites contre le donneur d'aval

RÉDACTION du Projet de Code révisé.	OBSERVATIONS de la Chambre.	RÉDACTION proposée par la Chambre.

d'aval doivent être faites dans les délais prescrits ci-après pour le paiement des lettres de change.

Du Paiement.

Du Paiement.

104.

Une lettre de change doit être payée dans la monnaie qu'elle indique.

Le but de l'article, tel qu'il a été rédigé par les auteurs du Code, a été de favoriser le commerce des monnaies. Ce but sera de même atteint par la nouvelle rédaction proposée; et du moins le tireur qui n'aura pas eu l'intention formelle de faire une opération monétaire, ne se trouvera pas exposé sans nécessité à des frais et à un compte de retour, par la seule raison que la monnaie dans laquelle il aura fait sa traite, ne se trouvera pas, au moment de la présentation, dans la main du tiré qui en représentera la valeur : les intérêts du porteur seront également servis par une disposition aussi naturelle.

104.

Une lettre de change doit être payée dans la monnaie qu'elle indique, lorsque le tireur en a énoncé l'intention par ces mots, *et non autres valeurs.*

Elle peut l'être dans sa valeur représentative, en monnaie courante, si cette condition prohibitive n'est pas exprimée.

105.
Conservé.

105.

Celui qui paie une lettre de change à son échéance, et sans opposition, est valablement libéré.

106.
Conservé.

106.

Le porteur d'une lettre de change ne peut être contraint d'en recevoir le paiement avant l'échéance.

107.
Conservé.

107.

Une lettre de change est valablement payée sur une seconde, troisième, quatrième, &c., lorsqu'il est exprimé dans la seconde, troisième, quatrième, &c., qu'elle annulle l'effet des précédentes.

108.
Conservé.

108.

Celui qui paie une lettre de change sur une seconde, troi-

E

RÉDACTION du Projet de Code révisé.	OBSERVATIONS de la Chambre.	RÉDACTION proposée par la Chambre.
		sième, quatrième &c., sans retirer celle sur laquelle se trouve son acceptation, n'opère point sa libération.
109. Conservé.		109. Il n'est admis d'opposition au paiement, qu'en cas de perte de la lettre de change, ou de la faillite du porteur.
110. Conservé.		110. En cas de perte d'une lettre de change, celui à qui elle appartient peut en poursuivre le paiement sur une seconde, troisième, quatrième, &c.
111. Conservé.		111. Si la lettre de change perdue est revêtue de l'acceptation, le paiement ne peut en être exigé sur une seconde, troisième, quatrième, &c., que par ordonnance du juge, et en donnant caution.
112. Conservé.		112. Si celui qui a perdu la lettre de change, ne peut représenter la seconde, troisième, quatrième, &c., il peut demander le paiement de la lettre de change perdue, en justifiant de sa propriété par ses livres ou sa correspondance, et en donnant caution.
113. Conservé.		113. En cas de refus de paiement sur la demande formée en vertu de l'article précédent, le propriétaire de la lettre de change perdue conserve tous ses droits par un acte de protestation.

RÉDACTION du Projet de Code révisé.	OBSERVATIONS de la Chambre.	RÉDACTION proposée par la Chambre.
		Cet acte doit être fait le lendemain de l'échéance de la lettre de change perdue. Il doit être notifié aux tireur et endosseurs, dans les formes et délais ci-après prescrits pour la notification du protêt.
114. Conservé.		114. L'engagement de la caution mentionnée dans les articles 109 et 110, est éteint après trois ans, si, pendant ce temps, il n'y a eu ni demande ni poursuite juridique.
115. Conservé.		115. Les paiemens faits à compte sur le montant d'une lettre de change, sont à la décharge des tireur et endosseurs. Le porteur n'est point dispensé de l'obligation de faire protester la lettre de change, pour l'excédant.
116. Conservé.		116. Les juges ne peuvent accorder aucun délai pour le paiement d'une lettre de change.
Du Paiement par Intervention. 117. Une lettre de change protestée, peut être payée par un tiers intervenant pour le tireur ou un endosseur. L'intervention et le paiement sont constatés dans l'acte de protêt.	Correction purement grammaticale.	*Du Paiement par intervention.* 117. Une lettre de change protestée peut être payée par un tiers intervenant pour le tireur *ou l'un des endosseurs.* L'intervention et le paiement sont constatés dans l'acte de protêt.
118. Conservé.		118. Celui qui paie une lettre de change, par intervention, est subrogé aux droits du porteur.

RÉDACTION du Projet de Code révisé.	OBSERVATIONS de la Chambre.	RÉDACTION proposée par la Chambre.
		Si le paiement par intervention est fait pour le compte du tireur, tous les endosseurs sont libérés. S'il est fait pour un endosseur, les endosseurs subséquens sont libérés. S'il y a concurrence pour le paiement d'une lettre de change par intervention ; celui qui opère le plus de libérations est préféré.
Des Droits et Devoirs du Porteur.		*Des Droits et Devoirs du Porteur.*
119.		**119.**
Le porteur d'une lettre de change tirée de l'intérieur de la France, et payable à vue, ou à plusieurs jours de vue, doit en exiger le paiement ou l'acceptation dans les trois mois de sa date. Le délai est de dix-huit mois pour les lettres de change tirées des colonies ou sur les colonies françaises.	Les délais pour la présentation des lettres de change hors de France, n'ont pas paru gradués convenablement en raison des distances.	Le porteur d'une lettre de change tirée de l'intérieur de la France, et payable à vue, ou à plusieurs jours ou mois de vue, doit en exiger le paiement ou l'acceptation dans les trois mois de sa date. Le délai est de *six mois pour l'Europe, un an pour le Levant et l'Atlantique, et deux ans pour tous les autres pays.*
120.		**120.**
Conservé.		Le porteur d'une lettre de change peut en exiger le paiement le jour de son échéance.
121.		**121.**
Conservé.		Le refus de paiement doit être constaté, dans les trois jours qui suivent le jour de l'échéance, par un acte que l'on nomme protêt faute de paiement. A l'égard des lettres de change payables en foire, le refus de paiement doit être constaté le lendemain du jour de l'échéance.

RÉDACTION du Projet de Code révisé.	OBSERVATIONS de la Chambre.	RÉDACTION proposée par la Chambre.

122.

Le porteur n'est dispensé du protèt faute de paiement, ni par le protèt faute d'acceptation, ni par la mort ou faillite de celui sur qui la lettre de change est tirée.

122.

Le porteur n'est dispensé du protèt faute de paiement, ni par le protèt faute d'acceptation, ni par la mort ou faillite de celui sur qui la lettre de change est tirée, *ni par l'intervention d'un tiers.*

Le tiré qui a refusé l'acceptation, peut à l'échéance ne pas refuser le paiement, ce qui sauve des frais de rechange.

Dans le cas d'une intervention, l'intervenant se trouve subrogé aux droits du porteur; et celui-ci étant désintéressé, c'est à l'intervenant que la nécessité du protèt du non-paiement sur le tiré retombe.

123.

Si, par l'effet de la force majeure, le protèt ne peut avoir lieu dans le délai ci-dessus fixé, il doit être fait le lendemain du jour où l'obstacle a notoirement cessé.

(Supprimé.)

123.

Supprimé.

Le tireur et les endosseurs de la lettre de change en garantissent le paiement à son échéance ; mais ils ne peuvent être responsables des événemens qui pourraient retarder sa présentation.

Si l'exception mentionnée dans cet article était admise, ce serait une source de procès et peut-être de beaucoup d'injustices.

Si le tireur a fait les fonds en temps utile, il a rempli toute son obligation; il a pourvu au paiement auquel il s'était engagé: il ne peut être responsable des événemens qu'il n'a point garantis et qu'il n'a pu prévoir.

La chambre croit que si, à l'époque de l'échéance de la lettre de change, les fonds étaient faits chez le tiré, c'est au porteur à s'imputer tous les dommages qui peuvent résulter pour lui d'un retardement dans la présentation de la lettre de change.

Si le tiré tomboit en faillite postérieurement à l'échéance à laquelle la lettre de change aurait dû être présentée, c'est au porteur seul à en supporter l'événement.

L'article a paru d'ailleurs inutile. On a craint qu'il ne fît naître à chaque instant des prétentions de force majeure ; et l'on ne sait que trop avec quelle facilité la mauvaise foi obtient des certificats.

La chambre, en conséquence, a voté pour la suppression de l'article.

RÉDACTION du Projet de Code révisé.	OBSERVATIONS de la Chambre.	RÉDACTION proposée par la Chambre.
124. Conservé.		**124.** Le porteur d'une lettre de change protestée faute de paiement, peut exercer son action en garantie, Ou individuellement contre le tireur et chacun des endosseurs, Ou collectivement contre tous les endosseurs et le tireur. La même faculté existe pour chacun des endosseurs, à l'égard du tireur et des endosseurs qui les précèdent.
125. Si le porteur exerce le recours individuellement contre son cédant, il doit lui faire notifier le protêt, ou le faire citer en jugement dans les quinze jours qui suivent la date du protêt. Ce délai, à l'égard du cédant domicilié à plus de cinq myriamètres [dix lieues] de l'endroit où la lettre de change était payable, est augmenté d'un jour par deux myriamètres et demi [cinq lieues] excédant les cinq myriamètres [dix lieues]. Les délais pour la notification du protêt hors le territoire continental, sont, De deux mois, pour l'Angleterre et les républiques Batave et Helvétique ; De trois mois pour l'Autriche et les cercles d'Allemagne ; De trois mois pour la Sicile, le royaume de Naples, la Toscane et le surplus de l'Italie ; De quatre mois pour l'Espagne, le Portugal et la Prusse ;	Les délais fixés pour la notification du protêt hors du territoire, n'ont pas paru calculés, dans le projet de Code, avec assez d'exactitude sur les distances et la facilité des communications.	**125.** Si le porteur exerce le recours individuellement contre son cédant, il doit lui faire notifier le protêt, ou le faire citer en jugement dans les quinze jours qui suivent la date du protêt. Ce délai, à l'égard du cédant domicilié à plus de cinq myriamètres [dix lieues] de l'endroit où la lettre de change était payable, est augmenté d'un jour par deux myriamètres et demi [cinq lieues] excédant les cinq myriamètres [dix lieues]. Les délais pour la notification du protêt hors le territoire continental *de la France*, sont ; *Deux mois pour la Suisse, la Batavie et la Grande-Bretagne ;* *Trois mois pour l'Autriche, les Cercles d'Allemagne, la Prusse, la Pologne, la Sicile, toute l'Italie, l'Espagne et le Portugal ;*

RÉDACTION du Projet de Code révisé.	OBSERVATIONS de la Chambre.	RÉDACTION proposée par la Chambre.
De six mois pour la Suède, le Danemarck, la Russie et la Turquie européenne ;		*Six mois pour la Suède, le Danemarck, la Norwège, la Turquie et la Russie européennes, toutes les îles et ports situés sur les côtes méridionales et orientales de la Méditerranée ;*
D'un an pour l'Afrique et toute l'Amérique ;		*D'un an pour l'Amérique, l'intérieur et les côtes méridionales, occidentales et orientales de l'Afrique ;*
De trois ans pour la Chine et les grandes Indes.		*De trois ans pour la Chine et les grandes Indes.*
126. Conservé.		126. Si le porteur exerce son recours collectivement contre les endosseurs et le tireur, il jouit, à l'égard de chacun d'eux, du délai déterminé par l'article précédent. Chacun des endosseurs a le droit d'exercer le même recours, ou individuellement ou collectivement, dans les mêmes délais. A leur égard, le délai court du lendemain de la date de la notification du protèt, ou de la citation en justice.
127. Conservé.		127. Après l'expiration des délais ci-dessus, Pour la présentation de la lettre de change à vue, ou à plusieurs jours ou mois de vue, Pour le protèt faute de paiement, Pour l'exercice de l'action en garantie, Le porteur de la lettre de change est déchu de tous droits contre les endosseurs.

RÉDACTION du Projet de Code révisé.	OBSERVATIONS de la Chambre.	RÉDACTION proposée par la Chambre.
128. Conservé.		128. Les endosseurs sont également déchus de toute action en garantie contre leurs cédans, après l'expiration des délais ci-dessus prescrits, chacun en ce qui le concerne.
129. Conservé.		129. La même déchéance a lieu contre le porteur et les endosseurs, à l'égard du tireur lui-même, si ce dernier justifie qu'il y avait provision à l'échéance de la lettre de change.
130. Conservé.		130. Les effets de la déchéance, prononcée par les trois articles précédens, cessent, si, après l'expiration des délais fixés pour le protêt, la notification du protêt ou la citation en jugement, l'un des endosseurs ou le tireur a reçu par compte, compensation ou autrement, les fonds destinés au paiement de la lettre de change.
131. Conservé.		131. Indépendamment des formalités prescrites par les art. 122 et 123, pour l'exercice de l'action en garantie, le porteur d'une lettre de change protestée faute de paiement, peut, par la permission du juge, saisir les effets mobiliers des tireur, accepteur et endosseurs.
Du Protêt. 132. Conservé.		*Du Protêt.* 132. Le protêt est fait par deux notaires, ou par un notaire et **deux**

RÉDACTION du Projet de Code révisé.	OBSERVATIONS de la Chambre.	RÉDACTION proposée par la Chambre.
		deux témoins; ou par un huissier et deux témoins. Il doit être fait Au domicile de celui sur qui la lettre de change était payable ; Au domicile des personnes indiquées par la lettre de change pour la payer au besoin ; Au domicile du tiers qui a accepté par intervention. En cas de fausse indication de domicile, le protêt est précédé d'un acte de perquisition.
133. Conservé.		**133.** L'acte de protêt contient La transcription littérale de la lettre de change, de l'acceptation, des endossemens et des recommandations qui y sont indiquées ; La sommation de payer le montant de la lettre de change. Il énonce La présence ou l'absence de celui qui doit payer ; Les motifs du refus de payer, et l'impuissance ou le refus de signer.
134. Nul acte de la part du porteur de la lettre de change ne peut suppléer l'acte de protêt, hors le cas prévu par l'article 113.	Les articles 110 et 111 sont tous deux relatifs à ce cas prévu.	**134.** Nul acte, de la part du porteur de la lettre de change ne peut suppléer l'acte de protêt, hors le cas prévu par *les articles 110 et 111.*
135. Conservé.		**135.** Les notaires et les huissiers sont tenus, à peine de destitution, dépens, dommages et intérêts envers les parties, de laisser copie exacte des protêts,

F

RÉDACTION du Projet de Code révisé.	OBSERVATIONS de la Chambre.	RÉDACTION proposée par la Chambre.
		et de les inscrire en entier, jour par jour et par ordre de dates, dans un registre particulier.
		Ce registre doit être coté et paraphé par un juge ou délégué du tribunal de commerce.
Du Rechange.		*Du Rechange.*
136.		136.
Conservé.		Le rechange s'effectue par une retraite.
137.		137.
Conservé.		La retraite est une nouvelle lettre de change, au moyen de laquelle le porteur se rembourse sur le tireur ou l'un des endosseurs, du principal de la lettre protestée, de ses frais et du nouveau change qu'il paie.
138.		138.
Conservé.		Le rechange se règle par le cours du change, du lieu où la lettre de change était payable, sur le lieu où le paiement de la retraite doit s'effectuer.
139.		139.
Conservé.		Le rechange est dû par le tireur de la lettre de change protestée, du lieu où elle était payable, sur le lieu d'où elle a été tirée. Il est dû par l'endosseur, du lieu où elle était payable, sur le lieu où il l'a négociée.
140.		140.
Conservé.		La retraite est accompagnée d'un compte de retour.
141.	La chambre, après un mûr examen, a jugé l'ancienne rédac-	141.
Le compte de retour comprend,		Le compte de retour comprend,

RÉDACTION
du Projet de Code révisé.

Le principal de la lettre de change protestée,

Les frais de protêt et autres frais légitimes.

Il énonce le nom de celui sur qui la retraite est tirée, et le prix du change auquel elle a été négociée.

Il est certifié par un agent de change.

Dans les lieux où il n'y a pas d'agent de change, il est certifié par deux commerçans.

Il est accompagné de la lettre de change protestée, du protêt, ou d'une expédition de l'acte de protêt.

Dans le cas où la retraite est tirée sur l'un des endosseurs, elle est accompagnée d'un certificat qui constate le cours du change du lieu où la lettre de change était payable, sur le lieu où elle a été négociée par celui des endosseurs sur lequel la retraite est faite.

142.

Conservé.

143.

Conservé.

144.

Conservé.

OBSERVATIONS
de la Chambre.

tion de cet article préférable à celle proposée par les auteurs du Code dans leur travail de révision.

L'article proposé par les réviseurs n'a paru ni aussi clair, ni aussi précis que celui du premier Projet; la chambre a même pensé qu'il pouvait y avoir une faute d'impression : car l'article du Projet de révision présente des ambiguités qu'on ne rencontre pas dans la rédaction de ce nouveau travail.

Les raisons qui ont déterminé la chambre, s'expliquent suffisamment par la comparaison des deux articles : elle peut se dispenser de justifier la préférence accordée à la première rédaction, et le léger amendement par lequel elle termine cet article.

RÉDACTION
proposée par la Chambre.

Le principal de la lettre de change protestée,

Les frais de protêt et autres légitimes.

Il énonce le nom de celui sur qui la retraite est tirée, et le prix du change auquel elle a été négociée.

Il est certifié par un agent de change.

Dans les lieux où il n'y a pas d'agent de change, il est certifié par deux commerçans.

Il est accompagné de la lettre de change protestée, du protêt, ou d'une expédition de l'acte de protêt.

Dans le cas où la retraite est tirée sur l'un des endosseurs, elle est accompagnée d'un certificat qui constate le cours du change du lieu où la lettre de change était payable, sur le lieu où elle a été *tirée ou négociée par le tireur.*

142.

Il ne peut être fait plusieurs comptes de retour sur une même lettre de change.

143.

L'intérêt du principal de la lettre de change protestée faute de paiement, est dû à compter du jour du protêt.

144.

L'intérêt des frais de protêt, rechange et autres frais légitimes, n'est dû qu'à compter du jour de la demande en justice.

RÉDACTION du Projet de Code révisé.	OBSERVATIONS de la Chambre.	RÉDACTION proposée par la Chambre.
Des Billets à ordre et à domicile.		*Des Billets à ordre et à domicile.*
145.		**145.**
Toutes les dispositions ci-dessus relatives aux lettres de change, et concernant	Omission réparée dans la nomenclature des opérations relatives aux lettres de change.	Toutes les dispositions ci-dessus relatives aux lettres de change, et concernant
L'échéance,		L'échéance,
L'endossement,		L'endossement,
La solidarité,		La solidarité,
L'aval,		L'aval,
Le paiement,		Le paiement,
		Le paiement par intervention,
Le protêt,		Le protêt,
Les devoirs et droits du porteur,		Les devoirs et droits du porteur.
Sont applicables aux billets à ordre.		Sont applicables aux billets à ordre.
146.		**146.**
Conservé.		Le billet à ordre est daté. Il énonce La somme à payer, L'époque à laquelle le paiement doit s'effectuer, La valeur qui a été fournie. Il est à l'ordre d'un tiers ; Il peut être payable au domicile du souscripteur, ou au domicile d'un tiers. Dans ce dernier cas, il est billet à domicile.
147.		**147.**
Conservé.		Un billet à domicile n'est pas sujet à l'acceptation de la part de la personne au domicile de laquelle le paiement est indiqué.
148.		**148.**
Conservé.		Le protêt faute de paiement d'un billet à domicile, doit être fait au domicile où le paiement est indiqué.

RÉDACTION du Projet de Code révisé.	OBSERVATIONS de la Chambre.	RÉDACTION proposée par la Chambre.
149. Conservé.		149. En cas de protêt faute de paiement, le rechange est dû sur un billet à domicile. Il s'opère de la même manière et dans les mêmes proportions que pour une lettre de change.
De la Prescription. 150. Toutes actions relatives aux lettres de change, billets à ordre et ceux à domicile, Se prescrivent par cinq ans, à compter du jour du protêt ou de la dernière poursuite juridique.	Correction grammaticale dans la rédaction du premier paragraphe de cet article. La prescription par cinq ans est nécessaire en matière commerciale, pour tout ce qui n'est pas objet liquidé; mais lorsqu'il y a jugement, le même intérêt n'exige plus une prescription aussi prompte; et les principes de la loi civile doivent retrouver leur application.	*De la Prescription.* 150. Toutes actions relatives aux lettres de change, *aux billets à ordre et à ceux à domicile,* Se prescrivent par cinq ans, à compter du jour du protêt, ou de la dernière poursuite juridique, *non suivie d'un jugement de condamnation.*

LIVRE II.

Observations préliminaires.

Un navire est un meuble, puisqu'il n'est qu'un instrument servant à l'exploitation du commerce.

Mais, ainsi qu'en agriculture les principes de la législation civile éprouvent des modifications nécessaires, relativement aux bestiaux; de même, les transactions relatives aux navires, et les formes de leur aliénation, peuvent et doivent être modifiées suivant les circonstances.

Lorsque le navire est en armement après sa construction, ou en réarmement après l'extinction des engagemens de son dernier voyage, et qu'il se trouve dans le lieu du domicile du propriétaire, il ne doit être considéré que comme un simple objet mobilier, qu'on ne peut aire saisir sans constituer le propriétaire en état de faillite.

Au départ ou au retour d'un voyage, le navire peut, au contraire, être affecté à des ngagemens particuliers, qui, pour l'intérêt du commerce maritime, doivent jouir de priviges particuliers.

Les causes et l'importance de ces engagemens exigent aussi, en faveur des propriétaires, des dispositions qui ne permettent pas de les compromettre dans leur fortune pour plus que la valeur du navire.

Dans ces diverses positions d'un navire, les mêmes règles ne peuvent le régir. Dans le premier cas, il est sans inconvénient que la vente en puisse être poursuivie de toutes les manières possibles; mais dans le second cas, son expropriation doit être assujettie à des formes qui conservent les droits de ceux à qui la loi en accorde sur le navire.

Ces idées générales ont motivé la plupart des changemens que la chambre propose; il en est d'autres dont elle indiquera la convenance; d'autres enfin qui s'expliquent assez par leur simple rédaction.

La chambre a cru convenable de commencer ce second livre par quelques règles simples, nécessaires pour la construction et l'acquisition des navires : elle a pensé que la saisie, qui est en quelque sorte le tombeau de la navigation, se trouverait placée plus naturellement à la fin du livre; et dans cette correction d'ordre, elle a réuni les titres I.er et III.e

RÉDACTION du Projet de Code révisé.	OBSERVATIONS de la Chambre.	RÉDACTION proposée par la Chambre.
LIVRE SECOND.		**LIVRE SECOND.**
TRANSACTIONS MARITIMES.	Ici l'ordre des numéros est interrompu et ne correspond plus avec celui de la révision.	*TRANSACTIONS MARITIMES.*
TITRE I.er		**TITRE I.er**
Des Navires et autres Bâtimens de mer.		*Des Navires et autres Bâtimens de mer.*
		ARTICLE I.er
	Voyez Observations préliminaires.	*Tout individu domicilié en France, peut faire construire des navires et autres bâtimens de mer.*
		Il est tenu d'en faire de suite la déclaration au greffe du tribunal de commerce.
		La déclaration contient le nom, l'espèce et le port du navire à construire.
151.		**2.**
Tous navires et autres bâtimens, quoique réputés meubles, sont affectés aux dettes du vendeur.	Toutes les propriétés d'un commerçant sont *affectées* à ses dettes; c'est donc inutilement que le premier paragraphe de l'article 151 énonçait cette affectation.	Tous navires et autres bâtimens *de mer sont réputés meubles.*
L'affectation cesse si, après une vente volontaire faite par acte public *ou sous signatures privées*, le navire a fait un voyage en mer sous		

RÉDACTION du Projet de Code révisé.	OBSERVATIONS de la Chambre.	RÉDACTION proposée par la Chambre.

le nom et aux risques de l'acquéreur, et sans opposition de la part
des créanciers du vendeur.

L'acte de vente d'un navire n'est
assujetti qu'à un droit fixe de trois
francs pour l'enregistrement.

Le second paragraphe était contraire aux principes qui doivent
régir la propriété d'un navire. La
vente doit en être poursuivie comme celle de tout autre objet mobilier. Nul créancier n'a de droits
particuliers sur le navire, excepté ceux à qui la loi accorde un
privilége; car ils doivent exercer ces droits, quand ils sont exigibles, sur le débiteur ou sur le gage.

L'usage et non la raison, militait en faveur de la disposition
supprimée. Un usage contraire subsistait par l'édit de 1666,
avant que l'ordonnance de 1681 eût introduit cette innovation,
qu'on n'aurait pas consacrée, si l'on avait réfléchi que la saisie
d'un navire dans le domicile du propriétaire, ouvre nécessairement sa faillite, s'il n'en a pas fait l'abandon conformément à
l'article 172 [10.e du projet de la chambre].

Le paragraphe troisième forme un article nouveau sous le
n.° 9.

ARTICLE ADDITIONNEL.

Un navire est censé avoir fait un
voyage en mer,

Lorsque son départ et son arrivée ont été constatés dans deux
ports différens,

Lorsque, sans être arrivé dans
un autre port, il s'est écoulé plus
de soixante jours entre le départ et
le retour.

Cet article n'était qu'une conséquence du second paragraphe de
l'article précédent. La suppression de cette disposition entraîne
celle de l'article.

(Supprimé.)

ARTICLE ADDITIONNEL.

La vente d'un navire ne préjudicie point aux créanciers du vendeur,

Si elle n'a été affichée huit jours
d'avance dans le lieu du domicile
u vendeur, et sur le quai où le bâ-
iment est amarré;

Si elle n'a été enregistrée au
effe du tribunal de commerce,
s les dix jours de sa date.

Le second paragraphe de cet
article était inutile pour les ventes
volontaires; à l'égard des ventes
forcées, leurs formalités sont prescrites au titre des *Saisies.*

Les troisième et quatrième articles additionnels ci-contre, sont
supprimés; et les dispositions de

*Toute créance privilégiée sur
le navire, doit être inscrite au
greffe du tribunal de commerce.*

*Cette inscription a lieu dans les
dix jours de la date de la créance
ou de la réception des actes.*

*A défaut d'inscription, le
créancier privilégié est déchu de
son privilége.*

RÉDACTION du Projet de Code révisé.	OBSERVATIONS de la Chambre.	RÉDACTION proposée par la Chambre.

ARTICLE ADDITIONNEL.

Une créance privilégiée sur un navire n'est point admise,

Si elle n'a été inscrite au greffe du tribunal, avant le départ du navire.

Le greffier est tenu de mentionner l'inscription sur le titre de créance.

Il est tenu de remettre un extrait des inscriptions au capitaine, avant le départ du navire.

Les inscriptions ci-dessus mentionnées ne sont assujetties à aucun droit d'enregistrement.

(*Supprimé.*)

ARTICLE ADDITIONNEL.

Les créances acquises pendant le voyage, pour les nécessités du navire, ne sont point soumises à la formalité ci-dessus prescrite.

(*Supprimé.*)

---

ces trois derniers articles sont refondues et amendées dans les articles 3 et 4.

Le but que le législateur doit se proposer dans la réformation de la loi, est de simplifier les transactions relatives au transport volontaire des navires, de les rendre sûres pour l'acquéreur, et d'établir des moyens conservatoires pour les priviléges que la loi accorde sur les navires. La chambre se flatte d'avoir atteint ce but, en proposant d'assujettir à l'inscription au greffe du tribunal de commerce toutes les transactions relatives au navire, qui emporte privilége.

Le greffier est tenu de mentionner l'inscription sur le titre de la créance.

Il est tenu de remettre un extrait des inscriptions au capitaine.

Les inscriptions ci-dessus mentionnées ne sont assujetties à aucun droit d'enregistrement.

4.

La vente volontaire d'un navire peut être faite par acte public, ou par acte sous signatures privées.

Elle peut être faite pour le navire entier ou pour une portion du navire,

Le navire étant dans le port ou en voyage.

5.

La vente volontaire d'un navire ou portion de navire, ne préjudicie point aux créanciers privilégiés sur le navire,

Si elle n'a été inscrite au greffe du tribunal de commerce, dans les dix jours de sa date.

6.

Les inscriptions mentionnées dans les articles 3 et 5 ci-dessus, sont faites sur un registre destiné à cet effet.

Elles sont reçues sans frais ni droits.

7.

Dans le cas où le montant des créances privilégiées, inscrites sur le navire, excéderait le prix de la vente, l'acquéreur peut s'en désister.

L'acquéreur voit d'un coup-d'œil, par l'état des inscriptions, s'il peut acquérir avec sûreté, et le créancier inscrit et privilégié ne court plus le risque de voir infirmer son privilége, comme il pouvait l'être par l'ancienne ordonnance, qui, en cas de vente volontaire, permettait d'éteindre les priviléges sur le navire, moyennant un voyage aux risques de l'acheteur. Chacun sait qu'un navire vendu au Havre, peut être le lendemain à Honfleur.

Les créanciers privilégiés n'ont plus à craindre aucune collusion entre le vendeur et l'acheteur; ils traitent donc avec sécurité.

RÉDACTION du Projet de Code révisé.	OBSERVATIONS de la Chambre.	RÉDACTION proposée par la Chambre.
152. La vente volontaire d'un navire étant en voyage, ne préjudicie point aux créanciers du vendeur.		**8.** La vente volontaire d'un navire, *hors du territoire et îles européennes de la France, n'est point sujette aux formalités prescrites par l'article 5.*
TITRE II. (Renvoyé à la fin du livre.) **TITRE III.** *Des Propriétaires de Navires,* **172.** Conservé.	Extrait de l'article 151.	**9.** *La vente d'un navire par acte public, ou sous signatures privées, n'est assujettie qu'à un droit fixe de trois francs pour l'enregistrement.* **10.** Tout propriétaire de navire, est civilement responsable des faits du capitaine par lui employé. La responsabilité n'a lieu que pour ce qui est relatif au navire et à l'expédition. Elle cesse par l'abandon du navire et du fret.
173. Le propriétaire peut congédier le capitaine. Le capitaine qui justifie qu'il a été congédié sans causes valables, a droit à une indemnité contre le propriétaire ou armateur du navire. L'indemnité est fixée au quart de son traitement, si le congé a lieu avant le voyage commencé. Elle est fixée à la totalité de son traitement et aux frais de son retour, si le congé a lieu pendant le cours du voyage. Il n'y a pas lieu à indemnité, si le capitaine est congédié avant l'ouverture du rôle de l'équipage, ou s'il n'y a convention par écrit.	La loi ne doit point imposer des conditions fixes à des contractans auxquelles elles peuvent ne pas convenir, et les forcer ainsi à des conventions particulières pour s'y soustraire. Les armateurs et les capitaines, traitant librement, doivent être maîtres de leurs conventions, et il semble plus convenable de présenter à ces derniers un intérêt à les établir par écrit. A l'égard du congé donné pendant le voyage, les droits des officiers et marins sont établis au titre ci-après, *de leurs Engagemens.*	**11.** Le propriétaire *du navire* peut congédier le capitaine *et les officiers.* *Le capitaine et les officiers congédiés, ne peuvent réclamer d'autre indemnité que celle stipulée par leur engagement.* *Il n'y a pas lieu à indemnité si elle n'est stipulée par une convention écrite.*

G

RÉDACTION du Projet de Code révisé.	OBSERVATIONS de la Chambre.	RÉDACTION proposée par la Chambre.
174. Conservé.		12. Si le capitaine congédié est copropriétaire du navire, il peut renoncer à la copropriété et exiger le remboursement du capital qui la représente. Le montant de ce capital est déterminé par des experts convenus ou nommés d'office.
175. Conservé.		13. En tout ce qui concerne l'intérêt commun des propriétaires d'un navire, l'avis de la majorité est suivi. La majorité se détermine par une portion d'intérêt dans le navire excédant la moitié de sa valeur. S'il n'y a pas de majorité, la licitation du navire est de droit.
TITRE IV. *Du Capitaine.* 176. Conservé.		TITRE II. *Du Capitaine.* 14. Tout capitaine, maître ou patron, chargé de la conduite d'un navire ou autre bâtiment, est responsable des marchandises dont il se charge. Il en fournit reconnaissance. Cette reconnaissance se nomme connaissement.
ARTICLE ADDITIONNEL. Le capitaine tient un registre coté et paraphé par l'un des principaux intéressés au navire.	Le registre paraphé par un magistrat, au lieu de l'un des intéressés au navire, acquiert plus d'authenticité.	15. Le capitaine tient un registre coté et paraphé par *l'un des juges du tribunal de commerce. Dans les lieux où il n'y a pas de tribunal de commerce, ce registre est coté et paraphé par le maire ou son adjoint.*

RÉDACTION du Projet de Code révisé.	OBSERVATIONS de la Chambre.	RÉDACTION proposée par la Chambre.

RÉDACTION du Projet de Code révisé.

Le registre contient :

Les délibérations prises pendant le voyage ;

La recette et la dépense concernant le navire, et généralement tout ce qui peut donner lieu à un compte à rendre, à une demande à former.

ARTICLE ADDITIONNEL.

Le capitaine est tenu, avant de mettre à la voile, de faire visiter son navire par deux anciens capitaines et deux constructeurs, en présence des propriétaires ou de leur fondé de pouvoirs.

Le procès-verbal de visite est déposé au greffe du tribunal de commerce; il est délivré extrait au capitaine.

ARTICLE ADDITIONNEL.

Le capitaine est tenu d'avoir à bord :

L'acte de propriété du navire,

L'acte de francisation,
Le rôle d'équipage,

Les connaissemens et chartes-parties,

Les procès-verbaux de visite,

Les acquits à caution,
Les feuilles des inscriptions privilégières sur le corps du navire, avant son dernier voyage.

OBSERVATIONS de la Chambre.

La visite d'un navire chargé ne peut être qu'imparfaite.

Le septième paragraphe de cet article exigeait un amendement et une exception.

Il n'y a pas toujours lieu à l'acquit à caution. En temps de guerre, l'existence d'une telle pièce à bord compromettrait le sort du navire. Dans la navigation du cabotage, leur envoi se fait par terre.

A l'égard du dernier paragraphe, il est supprimé comme inutile et même inexécutable.

RÉDACTION proposée par la Chambre.

Ce registre contient :

Les délibérations prises pendant le voyage,

La recette et la dépense concernant le navire, et généralement tout ce qui peut donner lieu à un compte à rendre, à une demande à former.

16.

Le capitaine est tenu, avant de *prendre charge,* de faire visiter son navire par deux anciens capitaines et deux constructeurs, en présence des propriétaires ou de leur fondé de pouvoirs.

Le procès-verbal de visite est déposé au greffe du tribunal de commerce; il en est délivré extrait au capitaine.

17.

Le capitaine est tenu d'avoir à bord

L'acte de propriété du navire,

L'acte de francisation,
Le rôle d'équipage,

Les connaissemens et chartes-parties,

Les procès-verbaux de visite,

Les acquits de *paiement ou à caution, excepté en temps de guerre.*

Une créance privilégiée peut être inscrite neuf jours après le départ du navire, si elle est contractée de la veille; le capitaine n'en peut donc avoir l'extrait.

Peu importe d'ailleurs que ces inscriptions soient connues,

RÉDACTION du Projet de Code révisé.	OBSERVATIONS de la Chambre.	RÉDACTION proposée par la Chambre.

peu importe le montant des obligations dont un navire en voyage était chargé avant sa sortie du port, puisque les prêteurs en voyage sont toujours payés les premiers.

RÉDACTION du Projet de Code révisé.	OBSERVATIONS de la Chambre.	RÉDACTION proposée par la Chambre.
ARTICLE ADDITIONNEL. Conservé.		**18.** Le capitaine est tenu d'être en personne dans son navire, lorsqu'il sort du port, havre ou rivière.
ARTICLE ADDITIONNEL. Conservé.		**19.** En cas de contravention aux obligations imposées par les articles 15, 16 et 17, le capitaine est responsable de tous les événemens envers les intéressés au navire et au chargement.
177. Conservé.		**20.** La responsabilité du capitaine ne cesse que par les preuves de force majeure. Cette preuve est faite dans les formes déterminées par les articles 31, 32, 33, 34 et 35.
178. Le capitaine et les gens de l'équipage, après la clôture du rôle d'équipage, ne peuvent être arrêtés pour dettes civiles, autres que celles contractées pour le voyage.	La célérité nécessaire aux opérations maritimes, a paru à la chambre devoir l'emporter sur l'intérêt de certains fournisseurs trop faciles, peut-être, à faire des crédits aux marins ; dès l'instant que la revue d'un équipage a été faite par le commissaire aux classes, les marins doivent être à l'abri de l'arrestation, de la part de ces créanciers : il reste à ceux-ci le droit de faire apostiller leur créance au rôle d'équipage.	**21.** Le capitaine et les gens de l'équipage, ne peuvent être arrêtés pour dettes civiles, après la clôture du rôle d'équipage.
ARTICLE ADDITIONNEL. Conservé.		**22.** Le capitaine ne peut faire travailler au radoub du navire, acheter des voiles, cordages et autres choses pour le bâtiment, prendre pour cet effet de l'ar-

RÉDACTION du Projet de Code révisé.	OBSERVATIONS de la Chambre.	RÉDACTION proposée par la Chambre.
		gent sur le corps du vaisseau, ni affréter le navire dans le lieu de la demeure des propriétaires ou de leurs fondés de pouvoirs, sans leur autorisation spéciale.
179. Conservé.		**23.** En cas de refus de la part des propriétaires d'un navire, affrété de leur consentement, de fournir aux frais nécessaires pour le départ, le capitaine peut être autorisé par le juge à emprunter pour compte des propriétaires.
180. Conservé.		**24.** Si pendant le cours du voyage, il y a nécessité du radoub ou victuailles, le capitaine, après l'avoir constaté par un procès-verbal signé des principaux employés de l'équipage, pourra emprunter à la grosse, mettre des agrès et apparaux en gage, ou vendre des marchandises jusqu'à concurrence de la somme que les besoins constatés exigent. Les propriétaires, ou le capitaine qui les représente, doivent faire compte des marchandises de mêmes nature et qualité dans le lieu de la décharge du navire, à l'époque de son arrivée.
181. Conservé.		**25.** Hors le cas d'innavigabilité dûment constaté, le capitaine ne peut vendre le navire sans un pouvoir spécial des propriétaires. En cas d'innavigabilité, le navire est vendu aux enchères

RÉDACTION du Projet de Code révisé.	OBSERVATIONS de la Chambre.	RÉDACTION proposée par la Chambre.
		publiques et par autorité de justice.
182. Conservé.		26. Tout capitaine de navire, engagé pour un voyage, est tenu de l'achever, à peine de dommages et intérêts envers les propriétaires et les affréteurs, et d'être, suivant l'exigence des cas, poursuivi criminellement.
183. Conservé.		27. Le capitaine qui navigue à profit commun sur le chargement, ne peut faire aucun trafic ni commerce pour son compte particuler, s'il n'y a convention contraire.
184. Conservé.		28. En cas de contravention aux dispositions mentionnées dans l'article précédent, les marchandises embarquées par le capitaine pour son compte particulier, sont confisquées au profit des autres intéressés.
185 et 186 réunis. Le capitaine qui navigue à profit commun, ne peut emprunter une somme excédant la valeur du chargement, à peine de perdre sa part du profit. Il est tenu de donner avant son départ, aux propriétaires du bâtiment, un compte signé de lui, et contenant : L'état et le prix des marchandises sur lesquelles il a emprunté ; L'état des sommes empruntées, et les noms et demeures des prêteurs. *(Supprimé.)*	Ces dispositions sont inutiles dans le Code ; elles n'ont rapport qu'à des points d'ordre et d'instruction dont l'armateur et le capitaine doivent librement traiter.	

RÉDACTION de Projet de Code révisé.	OBSERVATIONS de la Chambre.	RÉDACTION proposée par la Chambre.

187.
Conservé.

29.

Si le capitaine fait fausse route;

S'il commet quelques vols ou s'il souffre qu'il en soit commis;

S'il donne frauduleusement lieu à l'altération ou confiscation des marchandises ou du navire,

Il est poursuivi criminellement.

30.

ARTICLE ADDITIONNEL.

Le capitaine est tenu de faire son rapport dans les vingt-quatre heures de son arrivée.

Le rapport doit énoncer:

Le lieu et le temps de son départ;

La route qu'il a tenue;

Les hasards qu'il a courus;

Les désordres arrivés dans le navire, et toutes les circonstances considérables de son voyage.

Les empêchemens éprouvés, tels que les embargo, surestaries, détention en mer, escortes forcées, &c., sont les circonstances les plus importantes pour la justification des événemens maritimes.

Le capitaine est tenu de faire son rapport dans les vingt-quatre heures de son arrivée.

Le rapport doit énoncer:

Le lieu et le temps de son départ;

La route qu'il a tenue;

Les hasards qu'il a courus;

Les empêchemens qu'il a éprouvés;

Les désordres arrivés dans le navire, et toutes les circonstances considérables de son voyage.

31.

ARTICLE ADDITIONNEL.

Le rapport est fait au commissaire du Gouvernement près le tribunal de commerce.

Dans les lieux où il n'y a pas de tribunal de commerce, le rapport est fait au juge de paix de l'arrondissement.

Dans ce dernier cas, le juge de paix qui a reçu le rapport, est tenu d'en donner avis, sans délai, au commissaire du Gouvernement près le tribunal de commerce le plus voisin.

Voir, aux Observations préliminaires du troisième livre, les motifs qui ont déterminé la chambre à modifier l'institution nouvellement proposée des commissaires du Gouvernement près les tribunaux de commerce.

Il n'a jamais été dans les fonctions des procureurs du roi près les amirautés, de recevoir les rapports des capitaines; et il est plus

Le rapport est fait *au greffe du* tribunal de commerce.

Dans les lieux où il n'y a pas de tribunal de commerce, le rapport est fait au juge de paix de l'arrondissement.

RÉDACTION du Projet de Code révisé.	OBSERVATIONS de la Chambre.	RÉDACTION proposée par la Chambre.
conforme aux usages comme plus naturel , de les faire recevoir dans les greffes. Le dernier paragraphe est supprimé comme inutile , attendu que le capitaine se fait délivrer de suite une expédition de son rapport. ARTICLE ADDITIONNEL. Conservé.		32. Si le capitaine aborde dans un port étranger, le rapport est fait à l'agent commercial du Gouvernement français. Le capitaine est tenu de prendre un certificat constatant, L'époque de son arrivée et de son départ , l'état et la qualité de son chargement.
ARTICLE ADDITIONNEL. Si pendant le cours du voyage , le capitaine est obligé de relâcher dans un port français , Il est tenu de déclarer au commissaire du Gouvernement près le tribunal du lieu de relâche, les causes du relâchement. Dans les lieux où il n'y a point de tribunal de commerce , la déclaration est faite au juge de paix de l'arrondissement. Si le relâchement forcé a lieu dans un port étranger , la déclaration est faite à l'agent commercial du Gouvernement français.	Modification dans le deuxième paragraphe, analogue à celle de l'article 31. Addition au quatrième paragraphe , qui n'a pas besoin d'être motivée. Légère correction grammaticale.	33. Si , pendant le cours du voyage , le capitaine est obligé de relâcher dans un port français , Il est tenu de déclarer *au greffe du tribunal de commerce du lieu*, les causes *de la relâche.* Dans les lieux où il n'y a pas de tribunal de commerce , la déclaration est faite au juge de paix de l'arrondissement. Si *la relâche forcée* a lieu dans un port étranger, la déclaration est faite à l'agent commercial du Gouvernement français, *ou à son défaut au magistrat du lieu.*
ARTICLE ADDITIONNEL. Conservé.		34. Toute contravention aux dispositions mentionnées dans les articles 30 , 31 , 32 et 33 ci-dessus , entraîne la peine de destitution du capitaine, et une condamnation d'amende qui ne peut

RÉDACTION du Projet de Code révisé.	OBSERVATIONS de la Chambre.	RÉDACTION proposée par la Chambre.
		peut être moindre de la moitié de son traitement.
		35. La vérification des rapports du capitaine, est faite par les gens de son équipage, sans préjudice des autres preuves. Les rapports non vérifiés ne sont point admis à la décharge du capitaine.
ARTICLE ADDITIONNEL. Conservé.		
ARTICLE ADDITIONNEL. Hors les cas de péril imminent, le capitaine ne peut décharger aucune marchandise avant d'avoir fait son rapport, à peine de poursuites extraordinaires contre lui, et de confiscation des marchandises contre les propriétaires qui auront fait faire la décharge. *(Supprimé.)*	Cet article a paru inutile, puisque des règles sont établies pour la navigation sans événemens, et qu'en cas d'événemens, le capitaine a le pouvoir d'exiger, selon les circonstances, le déchargement du navire, à la charge d'en justifier.	
TITRE V. *Les Matelots et Employés de l'équipage.*		**TITRE III.** *De l'Engagement et des Loyers des matelots et employés d'équipage.*
		36. Les conditions d'engagement d'employés de l'équipage d'un navire, sont constatées par le rôle d'équipage, ou par les conventions des parties.
188. Conservé.		
		37. Le capitaine et les gens de l'équipage ne peuvent, sous aucun prétexte, charger aucune marchandise pour leur compte, s'ils n'y sont autorisés par l'engagement.
189. Conservé.		
190. Si le voyage est rompu par le fait des propriétaires, capitaine ou	Les circonstances qui déterminent la rupture d'un voyage, sont	**38.** Si le voyage est rompu par le fait des propriétaires, capi-

RÉDACTION du Projet de Code révisé.	OBSERVATIONS de la Chambre.	RÉDACTION proposée par la Chambre.
affréteurs, avant le départ du navire,	déjà assez ruineuses pour les armateurs, sans aggraver leur sort par des dispositions aussi libérales envers les matelots; la chambre croit avoir, dans sa nouvelle rédaction, transigé d'une manière plus juste sur ces intérêts opposés.	taine ou affréteurs, avant le départ du navire,
Les matelots loués au voyage sont payés des journées par eux employées à l'équipement du navire, et d'un quart de leurs loyers;		Les matelots loués au voyage *ou au mois* sont payés des journées par eux employées à l'équipement du navire, *et retiennent pour indemnité les avances reçues.*
Les matelots engagés au mois sont payés dans la même proportion, eu égard à la durée ordinaire du voyage.		
Si la rupture arrive après le voyage commencé,		Si la rupture arrive après le voyage commencé,
Les matelots loués au voyage sont payés de leurs loyers en entier;		Les matelots loués au voyage *ou au mois sont payés en entier de leurs loyers, jusqu'à la première destination du navire.*
Les matelots engagés au mois sont payés de leurs loyers en entier, eu égard à la durée ordinaire du voyage;		*Ils sont payés des frais de route jusqu'au lieu du départ du navire.*
Les matelots loués au voyage et au mois, sont payés de leur nourriture jusqu'au lieu du départ du navire.		

191.
Conservé.

39.
S'il y a interdiction de commerce avec le lieu de la destination du navire, ou si le navire est arrêté par ordre du Gouvernement, avant le voyage commencé,

Il n'est dû aux matelots que les journées employées à équiper le bâtiment.

Si l'interdiction du commerce, ou l'arrêt du navire, arrivent pendant le cours du voyage,

Dans le cas d'interdiction, les matelots sont payés à proportion du temps qu'ils auront servi;

Dans le cas de l'arrêt, le loyer des matelots engagés au

RÉDACTION du Projet de Code révisé.	OBSERVATIONS de la Chambre.	RÉDACTION proposée par la Chambre.
		mois, court pour moitié pendant le temps de l'arrêt.
		Le loyer des matelots engagés au voyage, est payé aux termes de leur engagement.
192. Conservé.		**40.** Si le voyage est prolongé, le prix des loyers des matelots engagés au voyage, est augmenté à proportion de la prolongation.
		Si la décharge du navire se fait volontairement, dans un lieu plus rapproché que celui désigné par l'affrétement, il ne leur est fait aucune diminution.
193. Si le voyage est rompu, retardé ou prolongé par force majeure, avant ou depuis le départ du navire il n'est dû aucun dédommagement ni journées aux matelots engagés au profit ou au fret.	Le dernier paragraphe de l'article 193 était inutile, puisque son objet est rempli par les dispositions de l'article 38.	**41.** Si le voyage est rompu, retardé ou prolongé par la force majeure, avant ou depuis le départ du navire, il n'est dû aucun dédommagement ni journées aux matelots engagés au profit ou au fret.
Si la rupture, le retardement ou la prolongation arrivent par le fait des chargeurs, les matelots ont part aux dommages et intérêts qui sont adjugés au capitaine.		Si la rupture, le retardement ou la prolongation arrivent par le fait des chargeurs, les matelots ont part aux dommages et intérêts qui sont adjugés au capitaine.
Si l'empêchement arrive par le fait du capitaine ou des propriétaires, ils sont tenus des dommages dus aux matelots.		
194. Conservé.		**42.** En cas de prise, bris et naufrage, avec perte entière des marchandises, les matelots ne peuvent pas prétendre aucuns loyers.
		Ils ne sont point tenus de restituer ce qui leur a été avancé sur leurs loyers.

H 2

RÉDACTION du Projet de Code révisé.	OBSERVATIONS de la Chambre.	RÉDACTION. proposée par la Chambre.
195. Conservé.		43. Si quelque partie du navire est sauvée, les matelots engagés au voyage ou au mois, sont payés de leurs loyers échus sur les débris du navire qu'ils ont sauvé. S'il n'y a que des marchandises sauvées, les matelots, même ceux engagés au fret, sont payés de leurs loyers par le capitaine, à proportion du fret qu'il reçoit. De quelque manière que les matelots soient loués, ils sont payés des journées par eux employées à sauver les débris naufragés.
196. Tout matelot qui justifie qu'il est congédié sans causes valables, a droit à une indemnité contre le capitaine. L'indemnité est fixée au tiers des loyers, si le congé a lieu avant le voyage commencé. L'indemnité est fixée à la totalité des loyers et aux frais du retour, si le congé a lieu pendant le cours du voyage. Le capitaine ne peut, dans aucun des cas ci-dessus, répéter le montant de l'indemnité contre les propriétaires du navire. Il n'y a pas lieu à indemnité, si le matelot est congédié avant la clôture du rôle de l'équipage. *(Supprimé.)*	Le maintien de la subordination si essentielle dans la marine, a paru à la Chambre exiger la suppression de cet article, inutile pour les bons matelots, qu'on ne renvoie pas, favorable seulement à quelques mauvais sujets, en leur fournissant le moyen de tracasser le capitaine. Les cas où il recevrait une juste application sont trop rares pour ne pas céder à ces considérations majeures.	
197. Conservé.		44. Un matelot blessé au service du navire, ou qui tombe malade pendant le voyage, est payé de ses loyers.

REDACTION du Projet de Code révisé.	OBSERVATIONS de la Chambre.	RÉDACTION proposée par la Chambre.
		Il est pansé ou traité aux dépens du navire.
		Si le matelot est blessé en combattant contre les ennemis ou contre des pirates, il est pansé aux dépens du navire et de la cargaison.
		Le matelot qui a été blessé hors du navire, après en être sorti sans autorisation, peut être congédié par le capitaine.
		Ses loyers ne lui sont payés qu'à proportion du temps qu'il a servi.
198. Conservé.		**45.** En cas de mort d'un matelot pendant le voyage,
		Si le matelot est engagé au mois, ses loyers sont dus jusqu'au jour de son décès;
		Si le matelot est engagé au voyage, la moitié de ses loyers est due s'il meurt en allant;
		Le total de ses loyers est dû s'il meurt en revenant.
		Si le matelot est engagé au profit ou au fret, sa part entière est due, si le voyage est commencé.
		Les loyers du matelot tué en défendant le navire, sont dus en entier pour tout le voyage, si le navire arrive à bon port.
199. Conservé.		**46.** Le matelot pris dans le navire et fait esclave, ne peut rien prétendre contre le capitaine, les propriétaires ni les affréteurs, pour le paiement de son rachat.
200. Conservé.		**47.** Le matelot pris et fait esclave étant envoyé en mer ou à terre

RÉDACTION du Projet de Code révisé.	OBSERVATIONS de la Chambre.	RÉDACTION proposée par la Chambre.
		pour le service du navire, a droit à l'entier paiement de ses loyers.
		Il a droit au paiement d'une indemnité pour son rachat, si le navire arrive à bon port.
		L'indemnité est due par les propriétaires du navire, si le matelot a été envoyé en mer ou à terre pour le service du navire.
		L'indemnité est due par les propriétaires du navire et de la cargaison, si le matelot a été envoyé en mer ou à terre pour le service du navire et de la cargaison.
		Le montant de l'indemnité est fixé à six cents francs.
		Le recouvrement et l'emploi en seront faits suivant les formes déterminées par le Gouvernement, dans un réglement relatif au rachat des captifs.
201. Conservé.		48. Le navire et le fret sont spécialement affectés aux loyers des matelots.
202. Conservé.		49. Les loyers des matelots ne contribuent à aucune avarie, si ce n'est pour le rachat du navire.
203. Conservé.		50. Toutes les dispositions ci-dessus mentionnées concernant les loyers, pansemens et rachats des matelots, sont communes aux officiers et autres gens de l'équipage.

RÉDACTION du Projet de Code révisé.	OBSERVATIONS de la Chambre.	RÉDACTION proposée par la Chambre.
### TITRE VI. *Des Chartes-Parties, Affréte-mens ou Nolissemens.* **204.** Conservé.		### TITRE IV. *Des Chartes-Parties, Affréte-mens ou Nolissemens.* **51.** Toute convention pour louage d'un vaisseau, appelée charte-partie, affrétement ou nolissement, est rédigée par écrit; Elle énonce : Le nom et le port du navire, Les noms des propriétaires fréteurs, Les noms du capitaine et de l'affréteur, Le lieu et le temps convenus pour la charge et pour la décharge, Le prix de fret ou nolis; L'indemnité convenue pour les cas de retard. **52.** Si le temps de la charge et de la décharge du navire n'est point fixé par les conventions des parties, il est réglé suivant l'usage des lieux.
205. Conservé.		
206. Si le navire est frété au mois, et s'il n'y a stipulation contraire, le temps court du jour ou le navire a fait voile. *(Supprimé.)* 	Ce n'est point à la loi à stipuler pour les parties contractantes; on ne peut supposer qu'elles omettront de fixer le jour à partir duquel courra le fret, puisque c'est le premier chapitre d'intérêt pour le fréteur.	
207. Conservé.		**53.** Si, avant le départ du navire, il y a interdiction de commerce avec le pays pour lequel il est destiné, les conventions sont

RÉDACTION du Projet de Code révisé.	OBSERVATIONS de la Chambre.	RÉDACTION proposée par la Chambre.
		résolues sans dommages et intérêts de part ni d'autre.
		Le chargeur est tenu des frais de la charge et de la décharge de ses marchandises.
208. Conservé.		**54.** S'il existe une force majeure qui n'empêche que momentanément la sortie du navire, les conventions subsistent, et il n'y a lieu à dommages et intérêts à raison du retard. Il n'y a lieu à aucune augmentation de fret, si la force majeure arrive pendant le voyage.
209. Conservé.		**55.** Le chargeur peut, pendant l'arrêt momentané du navire, faire décharger ses marchandises à ses frais, à condition de les recharger ou d'indemniser le capitaine.
	La loi n'a rien prévu pour les cas de blocus du port de destination ; ensorte qu'il faut se diriger par des analogies ; ce qui laisse des incertitudes : la Chambre a pensé qu'il serait avantageux aux capitaines d'avoir une règle fixe pour ces cas, qui ne se présentent que trop fréquemment.	**56.** *Dans le cas de blocus du port pour lequel le navire est destiné, le capitaine est tenu, s'il n'a des ordres contraires, de se rendre dans le port le plus voisin de la même puissance, où il lui sera permis d'aborder.* 
210. Le capitaine est tenu d'avoir, pendant le voyage, les pièces justificatives de son chargement. *(Supprimé.)*	Cet article n'était qu'une répétition du troisième article additionnel au 176.ᵉ	

RÉDACTION du Projet de Code révisé.	OBSERVATIONS de la Chambre.	RÉDACTION proposée par la Chambre.

211.

Conservé.

TITRE VII.

Du Connaissement.

212.

Le connaissement exprime la nature, la quantité, la qualité et le poids des objets à transporter.

Il indique

Le nom du chargeur,

Le nom et l'adresse de celui auquel l'expédition est faite,

Le nom et le domicile du capitaine,

Le nom et le port du navire,

Le lieu du départ et celui de la destination.

Il énonce le prix du fret.

Il présente en marge les marques et numéros des objets à transporter.

Le connaissement peut être à ordre ou au porteur.

213.

Chaque connaissement est fait en trois originaux :

Un pour le chargeur,

Un pour celui auquel les marchandises sont adressées,

Un pour le capitaine.

Les trois originaux sont signés par le chargeur et par le capitaine, dans les vingt-quatre heures après le chargement.

Le chargeur est tenu de fournir

OBSERVATIONS de la Chambre :

La Chambre a cru devoir supprimer du premier paragraphe, ces mots : *la qualité et le poids*, attendu qu'il est le plus souvent impossible de les constater. Il suffit d'ailleurs que le connaissement énonce la nature et la quantité de la marchandise ; le poids s'y trouve indiqué quand il y a lieu, sans qu'il soit besoin de le prescrire.

Dans une foule de circonstances, il peut être utile d'avoir plus de trois connaissemens originaux : tel est le motif de l'addition des mots *au moins*, proposée par la Chambre.

57.

Le navire, les agrès et apparaux, le fret et les marchandises chargées, sont respectivement affectés à l'exécution des conventions des parties.

TITRE V.

Du Connaissement.

58.

Le connaissement exprime la nature et la quantité des objets à transporter.

Il indique :

Le nom du chargeur,

Le nom et l'adresse de celui auquel l'expédition est faite,

Le nom et le domicile du capitaine,

Le nom et le port du navire,

Le lieu du départ et celui de la destination.

Il énonce le prix du fret.

Il présente en marge les marques et numéros des objets à transporter.

Le connaissement peut être à ordre ou au porteur.

59.

Chaque connaissement est fait en trois originaux, *au moins :*

Un pour le chargeur,

Un pour celui auquel les marchandises sont adressées,

Un pour le capitaine.

Chacun des originaux *est signé* par le chargeur et par le capitaine, dans les vingt-quatre heures après le chargement.

Le chargeur est tenu de four-

I

RÉDACTION du Projet de Code révisé.	OBSERVATIONS de la Chambre.	RÉDACTION proposée par la Chambre.

au capitaine, dans le même délai, les acquits des marchandises chargées.

214.
Conservé.

215.
Conservé.

TITRE VIII.
Du Fret ou Nolis.
216.
Conservé.

217.
Conservé.

---

nir au capitaine, dans le même délai, les acquits des marchandises chargées.

60.
Le connaissement rédigé dans la forme ci-dessus prescrite, fait foi entre toutes les parties intéressées au chargement, et les assureurs.

61.
Le capitaine peut exiger un reçu des marchandises mentionnées dans le connaissement, lors de la livraison qu'il en a faite à celui auquel elles sont adressées.

TITRE VI.
Du Fret ou Nolis.
62.
Le prix du loyer d'un navire ou autre bâtiment de mer, est appelé fret ou nolis : il est réglé par les conventions des parties.

Il est constaté par la charte-partie ou par le connaissement.

Il a lieu pour la totalité ou pour partie du bâtiment, pour un voyage entier ou pour un temps limité, au tonneau, au quintal ou à forfait, avec désignation du port du vaisseau.

63.
Si le navire est loué en totalité, et que l'affréteur ne lui donne pas toute sa charge, le capitaine ne peut prendre d'autres marchandises sans le consentement de l'affréteur.

L'affréteur peut prendre à son profit le fret des marchan-

RÉDACTION du Projet de Code révisé.	OBSERVATIONS de la Chambre.	RÉDACTION proposée par la Chambre.

RÉDACTION du Projet de Code révisé.

218.

L'affréteur qui n'a pas chargé la quantité de marchandises portée par la charte-partie, est tenu de payer le fret en entier et pour le chargement complet.

Il paie le fret excédant sur le prix réglé par la charte-partie, s'il en charge davantage.

219.

Conservé.

220.

N'est réputé y avoir erreur dans la déclaration du port d'un navire, si l'erreur n'excède un quarantième.

221.

Conservé.

222.

Conservé.

OBSERVATIONS de la Chambre.

Il arrive souvent que le tonnage d'un navire a été mal estimé, ou qu'un arrimage mieux fait le rend susceptible d'une plus forte charge; dans l'un et l'autre cas, il est évident que si le chargeur augmente son chargement, il doit le fret de l'excédant sur le pied convenu. Une disposition à cet égard paraît inutile; en conséquence, la chambre a cru pouvoir supprimer le dernier paragraphe de cet article.

La différence d'un *quarantième* a paru trop faible pour motiver des dommages et intérêts : la chambre propose d'y substituer un *vingtième.*

RÉDACTION proposée par la Chambre.

dises qui complètent le chargement du navire qu'il a entièrement affrété.

64.

L'affréteur qui n'a pas chargé la quantité de marchandises portée par la charte-partie, est tenu de payer le fret en entier et pour le chargement complet.

65.

Le capitaine qui a déclaré le navire d'un plus grand port qu'il n'est, est tenu des dommages et intérêts envers l'affréteur.

66.

N'est réputé y avoir erreur dans la déclaration du port d'un navire, si l'erreur n'excède un *vingtième.*

67.

Si le navire est chargé au quintal, au tonneau ou à forfait, le chargeur qui veut retirer ses marchandises avant le départ du navire, peut les faire décharger à ses frais, en payant la moitié du fret.

68.

Le capitaine peut décharger

I 2

RÉDACTION du Projet de Code révisé.	OBSERVATIONS de la Chambre.	RÉDACTION proposée par la Chambre.
		à terre les marchandises trouvées dans son navire, si elles ne lui ont point été déclarées, ou en prendre le fret au plus haut prix qui sera payé dans le lieu du chargement, pour les marchandises de même nature.
223. Conservé.		**69.** Le chargeur qui retire ses marchandises pendant le voyage, est tenu de payer le fret en entier, s'il ne les retire par le fait du capitaine.
224. Si le navire est arrêté pendant la route ou au lieu de sa décharge par le fait de l'affréteur ; Si, ayant été frété pour l'aller et le retour, le navire fait son retour sans chargement, Les frais du retardement et le fret entier sont dus au capitaine.	Vice de rédaction corrigé. Les deux cas sont distincts ; il n'y a pas dans le second de frais de retardement.	**70.** Si le navire est arrêté pendant la route ou au lieu de sa décharge par le fait de l'affréteur, *Les frais du retardement sont dus par l'affréteur ;* Si, ayant été frété pour l'aller et le retour, le navire fait son retour sans chargement, *ou avec un chargement incomplet,* Le fret entier est dû au capitaine.
225. Conservé.		**71.** Le capitaine est tenu des dommages et intérêts envers l'affréteur, si, par son fait, le navire a été arrêté ou retardé pendant sa route ou au lieu de sa décharge. Ces dommages et intérêts sont réglés par des experts.
226. Si le capitaine est contraint de	La Chambre a supprimé du pre-	**72.** Si le capitaine est contraint

RÉDACTION du Projet de Code révisé.	OBSERVATIONS de la Chambre.	RÉDACTION proposée par la Chambre.

faire radouber le navire pendant le voyage, l'affréteur est tenu d'attendre ou de payer le fret en entier.

Dans le cas où le navire ne pourrait être radoubé, le capitaine est tenu d'en louer un autre.

Si le capitaine n'a pu louer un autre navire, le fret n'est dû qu'à proportion de ce que le voyage est avancé.

227.
Conservé.

228.
Conservé.

229.
Conservé.

230.
Conservé.

mier paragraphe, ces mots, *ou de payer le fret en entier.* Si le chargeur ne veut pas attendre, il ne peut pas offrir moins, et le capitaine ne peut pas exiger plus que ce qu'il aurait droit de prétendre, s'il transportait les marchandises jusqu'à leur destination.

de faire radouber le navire pendant le voyage, l'affréteur est tenu d'attendre.

Dans le cas où le navire ne pourrait être radoubé, le capitaine est tenu d'en louer un autre.

Si le capitaine n'a pu louer un autre navire, le fret n'est dû qu'à proportion de ce que le voyage est avancé.

73.
Le capitaine perd son fret et répond des dommages et intérêts de l'affréteur, si celui-ci prouve que lorsque le navire a fait voile, il était hors d'état de naviguer.

74.
Le fret est dû pour les marchandises que le capitaine a été contraint de vendre pour victuailles, radoub et autres nécessités pressantes, en tenant, par lui, compte de leur valeur au prix que le reste sera vendu au lieu de la décharge, si le navire arrive à bon port.

75.
S'il arrive interdiction de commerce avec le pays pour lequel le navire est en route, et qu'il soit obligé de revenir avec son chargement, il n'est dû au capitaine que le fret de l'aller, quoique le vaisseau ait été affrété pour l'aller et le retour.

76.
Si le vaisseau est arrêté dans

RÉDACTION du Projet de Code révisé.	OBSERVATIONS de la Chambre.	RÉDACTION proposée par la Chambre.
		le cours de son voyage, par un ordre de puissance,
		Il n'est dû aucun fret pour le temps de sa détention, si le navire est affrété au mois, ni augmentation de fret, s'il est loué au voyage.
		La nourriture et les loyers des matelots, pendant la détention du navire, sont réputés avaries.
231. Conservé.		**77.** Le capitaine est payé du fret des marchandises jetées à la mer pour le salut commun, à la charge de la contribution.
232. Conservé.		**78.** Il n'est dû aucun fret pour les marchandises perdues par naufrage ou échouement, pillées par des pirates, ou prises par les ennemis. Le capitaine est tenu de restituer le fret qui lui aura été avancé, s'il n'y a convention contraire.
234. Conservé.		**79.** Si le navire et les marchandises sont rachetés, ou si les marchandises sont sauvées du naufrage, le capitaine est payé du fret jusqu'au lieu de la prise ou du naufrage. Il est payé du fret entier en contribuant au rachat, s'il conduit les marchandises au lieu de leur destination.
235. La contribution pour le rachat se fait, Sur le prix courant des marchan-	Il a paru à la Chambre plus simple d'assimiler le cas de rachat aux	**80.** La contribution pour le rachat se fait, Sur le prix courant des mar-

RÉDACTION du Projet de Code révisé.	OBSERVATIONS de la Chambre.	RÉDACTION proposée par la Chambre.

dises, au lieu de leur décharge, déduction faite des frais ;

Sur le total du navire et du fret, déduction faite des victuailles consommées, et des avances faites aux matelots.

Les matelots contribuent à la décharge du fret, dans la proportion de ce qui leur reste dû sur le prix de leur loyer.

237.

Si le dénommé au connaissement refuse de recevoir les marchandises, le capitaine peut, par autorité de justice, en faire vendre pour le paiement de son fret, et faire ordonner le dépôt du surplus.

238.

Le capitaine ne peut retenir les marchandises dans son navire, faute du paiement de son fret.

Il peut, dans le temps de la décharge, s'opposer au transport, ou les faire saisir dans les alléges ou gabarres, et sur les quais.

239.

Le capitaine est préféré, pour son fret, sur les marchandises de son chargement lorsqu'elles sont dans le vaisseau, sur les gabarres ou sur le quai, et pendant quinzaine après leur délivrance, si elles n'ont passé en mains tierces.

st réellement qu'après que la marchandise a été délivrée, que le destinataire a vérifié si la livraison est conforme au nnaissement.

avaries communes, de n'y faire contribuer le navire que pour la moitié de sa valeur et la moitié de son fret, et d'affranchir les matelots de cette contribution : c'est un moyen d'encouragement pour la navigation française.

L'addition proposée par la Chambre, lui a paru essentielle pour que les capitaines ne soient pas trompés, et d'autant plus juste qu'ils reçoivent les marchandises de confiance, et ne sauraient être assujettis à les vérifier.

La chambre a pensé qu'il valait mieux accorder au capitaine un privilège pour son fret, même après la livraison des marchandises, que de l'autoriser à en faire arrêter le transport ou à les saisir ; elle propose en conséquence la suppression du dernier paragraphe de l'article 238, et une nouvelle rédaction de l'article 239.

Elle se fonde sur ce que la saisie ne peut avoir lieu pour une créance non échue, et que celle du fret ne

chandises au lieu de leur décharge, déduction faite des frais ;

Sur *la moitié* du navire et du fret.

81.

Si le dénommé au connaissement refuse de recevoir les marchandises, le capitaine peut, par autorité de justice, en faire vendre pour le paiement de son fret, et faire ordonner le dépôt du surplus.

S'il y a insuffisance, il conserve son recours contre le chargeur.

82.

Le capitaine ne peut retenir les marchandises dans son navire, faute du paiement de son fret.

83.

En cas de faillite des chargeurs ou réclamateurs, le capitaine est privilégié sur tous les créanciers, pour le paiement de son fret et des avaries qui lui sont dues.

RÉDACTION du Projet de Code révisé.	OBSERVATIONS de la Chambre.	RÉDACTION proposée par la Chambre.

240.

En aucun cas, le chargeur ne peut demander de diminution sur le prix du fret.

Le capitaine ne peut être tenu de prendre pour son fret, des marchandises diminuées de prix ou détériorées par leur vice propre, ou par cas fortuit.

(Supprimé.)

A quoi sert le premier paragraphe ! Est-il besoin de dire qu'on ne demandera pas de réduction sur ses engagemens !

Le second paragraphe ne paraît pas à la Chambre plus nécessaire. Ce qui a rapport au vice propre, est prévu par les connaissemens ; quant aux avaries par cas fortuit, elles doivent être justifiées par les rapports du capitaine : il est donc inutile d'exprimer qu'il ne pourra être rendu victime des unes ou des autres, par l'abandon de la marchandise en paiement de son fret.

241.

Les marchandises chargées peuvent être abandonnées pour le fret, dans tous les cas où leur détérioration ne provient ni de leur vice propre, ni de la faute du chargeur.

C'est dans cet article que la disposition relative aux avaries par cas fortuit, supprimée dans l'article précédent, trouve sa place naturelle.

84.

Les marchandises chargées peuvent être abandonnées pour le fret, dans tous les cas où leur détérioration ne provient ni de leur vice propre, ni de la faute du chargeur, *ni d'un cas fortuit légalement justifié.*

TITRE IX.

Des Contrats à la grosse.

242.

Conservé.

TITRE VII.

Des Contrats à la grosse.

85.

Le contrat à la grosse est fait devant notaire, ou sous signatures privées.

Il énonce,

La somme prêtée et la somme convenue pour le profit maritime ;

Les objets sur lesquels le prêt est affecté ;

Les noms du navire, du propriétaire et du capitaine ;

Si le prêt a lieu pour un voyage entier

RÉDACTION. du Projet de Code révisé.	OBSERVATIONS de la Chambre.	RÉDACTION proposée par la Chambre.
		entier ou pour un temps limité ; L'époque du remboursement.
Article additionnel. Conservé.		**86.** Les contrats à la grosse ne sont assujettis qu'à un droit fixe de un franc pour l'enregistrement.
Article additionnel. Il n'est point admis de preuve par témoins pour ou contre le contrat à la grosse. *(Supprimé.)*	Sans qu'il soit besoin de l'exprimer, il est de principe général en législation, que la preuve par témoins n'est admise contre des actes enregistrés, qu'en cas d'inscription de faux.	
Article additionnel. Tout contrat à la grosse fait avant le départ du navire, doit être enregistré au greffe du tribunal de commerce, à peine de nullité.	L'utilité des modifications proposées, n'a pas besoin de développement.	**87.** Tout contrat à la grosse doit être enregistré au greffe du tribunal de commerce, *dans les dix jours de la date, sous* peine de nullité. *Cet enregistrement est fait sans frais ni droits.*
Article additionnel. Tout acte de prêt à la grosse est négociable de droit, s'il n'y a convention contraire. La négociation de cet acte a les mêmes effets, et produit les mêmes actions de garantie que les autres effets de commerce. La garantie de l'insolvabilité de l'emprunteur, s'étend au profit maritime comme au principal.	La chambre a jugé toutes les dispositions de cet article vicieuses. Tout contrat est et doit être aliénable et transmissible par la voie d'un acte notarié : les intérêts de tous les obligés sont assurés par la signification faite par l'acquéreur au débiteur qui fournit ses moyens d'opposition, soit pour compensation, soit pour autres causes.	**88.** Tout acte de prêt à la grosse *peut être à ordre.* *La propriété, en ce cas, s'en transmet par la voie de l'endossement.* *Cette négociation ne donne pas lieu à la garantie de l'insolvabilité de l'emprunteur, si elle n'est stipulée par une convention particulière.*

La négociation d'un contrat à la grosse ne peut pas produire absolument les mêmes effets que celle des lettres de

RÉDACTION du Projet de Code révisé.	OBSERVATIONS de la Chambre.	RÉDACTION proposée par la Chambre.

change, puisque ces contrats sont susceptibles d'une réduction qui peut aller jusqu'à les absorber entièrement, en raison des risques qui y sont attachés.

Le prêteur à la grosse faisant ordinairement assurer, livre la police d'assurance avec le contrat, quand il le négocie, et donne une garantie à son acquéreur.

Enfin, l'usage pour les transports ou cessions des actes de grosse, est de les faire sans garantie ; et lorsque cette garantie est stipulée, un acte particulier en contient l'obligation.

L'article que la chambre propose de substituer à ces dispositions, est simple : il facilitera la circulation de ces sortes de contrats ; il laisse aux contractans la faculté de les négocier, avec ou sans garantie, et d'établir leurs obligations comme ils le jugeront convenable.

243.

Les emprunts à la grosse peuvent être affectés,

Sur le corps et quille du navire,

Sur les agrès et apparaux,

Sur l'armement et les victuailles,

Sur le chargement ;

Sur la totalité de ces objets conjointement ou séparément, ou sur une partie déterminée de chacun d'eux.

Affecter le navire, c'est affecter tout ce qui en dépend, comme agrès, apparaux, &c. ; leur énonciation est donc inutile. Quant aux victuailles, elles sont ordinairement consommées, quand il s'agit de faire payer les contrats ; le fret le remplace.

89.

Les emprunts à la grosse peuvent être affectés *sur le navire, le fret ou le chargement,* conjointement ou séparément ; sur la totalité ou sur une partie déterminée de chacun de ces objets.

244.

Tous emprunts à la grosse, faits pour une somme excédant la valeur des objets sur lesquels ils sont affectés, sont nuls, s'il est prouvé qu'il y a fraude de la part de l'emprunteur.

S'il n'y a fraude, le contrat est valable jusques à concurrence de la valeur des effets sur lesquels l'emprunt a eu lieu, d'après l'estimation qui en est faite ou convenue.

ARTICLE ADDITIONNEL.

Tous emprunts affectés sur le fret à faire par le navire, et sur le profit

La Chambre a pensé que les dispositions des articles 244 additionnel, et 245, acquerraient plus de clarté si elles étaient autrement divisées ; elle en a fait quatre articles.

90.

Tous emprunts à la grosse, faits pour une somme excédant la valeur des objets sur lesquels ils sont affectés, sont nuls, s'il est prouvé qu'il y a fraude de la part de l'emprunteur.

91.

Dans le cas de fraude constatée, l'emprunteur est tenu de payer la somme empruntée avec intérêts au cours de la place, nonobstant la perte ou la prise du navire.

RÉDACTION du Projet de Code révisé.	OBSERVATIONS de la Chambre.	RÉDACTION proposée par la Chambre.
espéré des marchandises, sont prohibés.		**92.**
245.		S'il n'y a fraude, le contrat est valable jusques à concurrence de la valeur des effets sur lesquels l'emprunt a eu lieu, d'après l'estimation qui en est faite et convenue. _
Dans les cas prévus par l'article précédent, ou s'il y a fraude de la part de l'emprunteur, il est tenu de payer la somme empruntée, avec intérêts au cours de la place, nonobstant la perte ou la prise du navire.		Le surplus de la somme empruntée est remboursé avec intérêts au cours de la place.
		93.
		Tous emprunts sur le fret à faire par le navire, ou sur le profit espéré des marchandises, sont prohibés.
246. Conservé.		**94.** Nul prêt à la grosse ne peut être fait aux matelots sur leurs loyers ou voyages.
247. Conservé.		**95.** Le navire, les agrès et apparaux, armement et victuailles, même le fret, sont affectés par privilége au capital et intérêts de l'argent donné à la grosse sur le corps et quille du vaisseau.
		Le chargement est également affecté au capital et aux intérêts de l'argent donné à la grosse sur le chargement.
		Si l'emprunt a été fait sur une partie déterminée du navire ou du chargement, le privilége n'a lieu que dans la proportion de la quotité affectée à l'emprunt.
248.		**96.**
Un emprunt à la grosse, fait par	L'intervention dans l'acte, des	Un emprunt à la grosse, fait

RÉDACTION du Projet de Code révisé.	OBSERVATIONS de la Chambre.	RÉDACTION proposée par la Chambre.
le capitaine dans le lieu de la demeure des propriétaires du navire et sans leur autorisation et intervention dans l'acte, ne donne hypothèque et privilége que sur la portion que le capitaine peut avoir au navire et au fret.	propriétaires, ne paraît nullement nécessaire, lorsqu'ils sont représentés par le capitaine, porteur de pouvoirs suffisans et authentiques.	par le capitaine dans le lieu de la demeure des propriétaires du navire, et sans leur autorisation, ne donne hypothèque et privilége que sur la portion que le capitaine peut avoir dans le navire et le fret.

249.

Conservé.

97.

Sont affectées aux sommes empruntées par le capitaine, pour radoub et victuailles, les parts et portions des propriétaires dont le refus de fournir leur contingent, pour mettre le bâtiment en état, a été constaté par une simple sommation.

98.

ARTICLE ADDITIONNEL.

Les emprunts faits pour le dernier voyage du navire, sont remboursés par préférence aux sommes prêtées pour un précédent voyage, et laissées par continuation ou renouvellement.

La Chambre propose de supprimer les mots, *et laissés par continuation ou renouvellement*, attendu qu'ils expriment un nouveau contrat, à l'égard duquel tout est prévu.

Les emprunts faits pour le dernier voyage du navire, sont remboursés par préférence aux sommes prêtées pour un précédent voyage.

ARTICLE ADDITIONNEL.

Conservé.

99.

Le prêteur à la grosse sur marchandises, chargées dans un navire désigné au contrat, ne supporte la perte des marchandises, même par fortune de mer, si elles ont été chargées sur un autre navire, que lorsqu'il est légalement constaté que ce chargement a eu lieu par force majeure.

250.

Conservé.

100.

Une somme prêtée par contrat à la grosse, ne peut être

REDACTION du Projet de Code révisé.	OBSERVATIONS de la Chambre.	RÉDACTION proposée par la Chambre.
		réclamée, si les effets sur lesquels le prêt a eu lieu, sont entièrement perdus; pourvu que la perte soit arrivée par cas fortuit dans le temps et dans le lieu des risques.
ARTICLE ADDITIONNEL. Conservé.		101. Tout ce qui arrive par le vice propre de la chose, ou par le fait des propriétaires, capitaine et affréteurs, n'est réputé cas fortuit, s'il n'y a stipulation contraire dans le contrat.
254 rapporté ici. Conservé.		102. En cas de naufrage, la restitution des sommes prêtées à la grosse, est réduite à la valeur des effets sauvés, déduction faite des droits de sauvetage.
251. Conservé.		103. Si le temps des risques n'est point déterminé par le contrat, Il court, à l'égard du navire, des agrès, apparaux, armement et victuailles, du jour que le navire a fait voile jusqu'au jour où il est ancré au port de sa destination et amarré sur le quai. A l'égard des marchandises, le temps des risques court du jour qu'elles ont été chargées dans le navire ou dans les gabarres pour les y porter, jusqu'au jour où elles sont délivrées à terre.
252. Conservé.		104. Celui qui emprunte à la grosse sur des marchandises, n'est point libéré par la perte

RÉDACTION du Projet de Code révisé.	OBSERVATIONS de la Chambre.	RÉDACTION proposée par la Chambre.

RÉDACTION du Projet de Code révisé.

[illegible]

253.

Les prêteurs à la grosse contribuent, à la décharge des emprunteurs, aux avaries communes, telles que rachat, composition, jet, mâts et cordages coupés pour le salut commun du navire et des marchandises.

Les avaries simples sont à la charge des emprunteurs, s'il n'y a convention contraire.

255.

S'il y a contrat à la grosse et assurance sur le même chargement, le prêteur à la grosse et l'assureur sont payés par concurrence sur les effets sauvés du naufrage.

TITRE X.

Des Assurances.

PREMIÈRE DIVISION.

Du Contrat d'assurance, de sa forme et de son objet.

256.

Conserv. [illegible]

[illegible]

257.

L'assurance peut avoir pour objet,

Le corps et quille du vaisseau, vide ou chargé, armé ou non armé, seul ou accompagné;

OBSERVATIONS de la Chambre.

Les avaries communes étant définies par un article spécial, la répétition de leur nomenclature est ici surabondante.

Le même cas se rencontre pour les navires comme pour les chargemens; il y avait donc lieu à étendre les dispositions de l'article aux uns comme aux autres.

L'addition, dans cet article, des sommes prêtées à la grosse, n'a pas besoin d'être motivée; c'était évidemment une omission.

RÉDACTION proposée par la Chambre.

du navire et de son chargement, s'il ne justifie qu'il y avait, pour son compte, des effets jusqu'à la concurrence de la somme empruntée.

105.

Les prêteurs à la grosse contribuent, à la décharge des emprunteurs, aux avaries communes.

Les avaries simples sont à la charge des emprunteurs, s'il n'y a convention contraire.

106.

S'il y a contrat à la grosse et assurance *sur le même navire* et sur le même chargement, le prêteur à la grosse et l'assureur sont payés par concurrence sur les effets sauvés du naufrage.

TITRE VIII.

Des Assurances.

PREMIÈRE DIVISION.

Du Contrat d'assurance, de sa forme et de son objet.

107.

Toutes personnes, même les étrangers, peuvent assurer ou faire assurer les navires, marchandises et autres effets qui sont transportés par mer, rivières et canaux navigables.

108.

L'assurance peut avoir pour objet,

Le corps et quille du vaisseau, vide ou chargé, armé ou non armé, seul ou accompagné;

RÉDACTION du Projet de Code révisé.	OBSERVATIONS de la Chambre.	RÉDACTION proposée par la Chambre.
Les agrès et apparaux ; Les armemens ; Les victuailles ; Les marchandises du chargement et toutes autres choses ou valeurs estimables à prix d'argent, sujettes aux risques de la navigation. L'assurance peut être faite sur le tout ou sur une partie desdits objets, conjointement ou séparément. Elle peut être faite en temps de paix ou en temps de guerre, avant ou pendant le voyage du vaisseau. Elle peut être faite pour l'aller et le retour, ou seulement pour l'un des deux, pour le voyage entier ou pour un temps limité. 262 *rapporté ici.* Conservé. 259. Conservé.		Les agrès et apparaux ; Les armemens ; Les victuailles ; *Les sommes prêtées à la grosse ;* Les marchandises du chargement et toutes autres choses ou valeurs estimables à prix d'argent, sujettes aux risques de la navigation. L'assurance peut être faite sur le tout ou sur une partie desdits objets, conjointement ou séparément. Elle peut être faite en temps de paix ou en temps de guerre, avant ou pendant le voyage du vaisseau. Elle peut être faite pour l'aller et le retour, ou seulement pour l'un des deux, pour le voyage entier ou pour un temps limité. **109.** Tout contrat d'assurance est nul, s'il a pour objet : Le fret à faire du navire, Le profit espéré des marchandises, Les loyers des matelots, de la part des gens de mer, Les sommes empruntées à la grosse, Le profit maritime des sommes données à la grosse. **110.** Le contrat d'assurance est rédigé par écrit ; Il est daté du jour et de l'heure à laquelle il est souscrit ; Il peut être fait sous signatures privées ;

RÉDACTION du Projet de Code révisé.	OBSERVATIONS de la Chambre.	RÉDACTION proposée par la Chambre.
		Il ne peut contenir aucun blanc ; Il exprime, Le nom et le domicile de celui qui fait assurer, Le nom et la désignation du navire, Le nom du capitaine, Le lieu où les marchandises ont été ou doivent être chargées, Le port d'où le navire a dû partir, Les ports où rades dans lesquels il doit charger et décharger, Ceux dans lesquels il doit entrer, La nature et l'estimation des marchandises ou objets que l'on fait assurer, Le temps auquel les risques doivent commencer et finir, La somme assurée, La prime ou le coût de l'assurance, La soumission des parties à des arbitres, en cas de contestations, et généralement toutes les autres conditions dont elles sont convenues.
	L'article ci-contre, dont la Chambre propose l'insertion dans le Code, est emprunté de l'ordonnance de 1681, titre *des Assurances*; elle ne peut attribuer qu'à un oubli, son omission par les rédacteurs du Projet de Code, et ne suppose pas qu'ils aient eu des objections contre une disposition aussi favorable au commerce maritime. Journellement il arrive à des armateurs d'attendre des retours,	**111.** Les chargemens faits pour l'Europe, aux Échelles du Levant, aux côtes d'Afrique et autres parties du monde, peuvent être assurés, sur quelques navires qu'ils aient lieu, sans désignation du navire ni du capitaine. Le contrat doit mentionner et

RÉDACTION du Projet de Code révisé.	OBSERVATIONS de la Chambre.	RÉDACTION proposée par la Chambre.

et d'ignorer dans quel temps et par quel navire leurs correspondans pourront les leur expédier : il est cependant d'une extrême utilité qu'ils puissent les faire assurer. L'article a paru à la Chambre rédigé de manière à ce que les assureurs ne puissent être trompés ; et d'ailleurs, ils savent, dans un semblable cas, comment régler leurs conditions pour prévenir tout abus.

258 rapporté ici.
Conservé.

260.
Conservé.

261.
Tout effet dont le prix est stipulé dans le contrat en monnaie étrangère, est évalué au prix que la monnaie stipulée vaut, en monnaie de France, à l'époque du paiement de l'assurance, nonobstant toutes conditions contraires.

La Chambre a pensé que le principe par elle adopté, de laisser aux contractans la plus grande latitude dans leurs transactions, était applicable au mode de paiement, aussi susceptible que tout autre de diverses stipulations. La réserve par laquelle elle termine l'article, est analogue à l'amendement qu'elle a inséré dans l'article 104 du I.er livre du Projet de Code, par l'art. 102 de son Contre-Projet.

264.
Conservé.

celui à qui l'expédition est faite ou consignée.

112.
En cas de fraude dans l'estimation des effets assurés, l'assureur peut faire procéder à une nouvelle estimation.

113.
Si le contrat d'assurance ne règle point le temps des risques, les risques commencent et finissent dans les temps réglés par l'article 103, pour les contrats à la grosse.

114.
Tout effet dont le prix est stipulé dans le contrat en monnaie étrangère, est évalué au prix que la monnaie stipulée vaut en monnaie de France, à l'époque du paiement de l'assurance, *s'il n'y a conventions contraires.*

115.
Si la valeur des marchandises n'est point fixée par le contrat, elle peut être justifiée par les factures ou par les livres : à défaut, l'estimation en est faite suivant le prix courant aux temps et lieu du charge-

L

RÉDACTION du Projet de Code révisé.	OBSERVATIONS de la Chambre.	RÉDACTION proposée par la Chambre.

ment, y compris tous les droits payés et frais faits jusqu'à bord.

265.

Si l'assurance est faite sur le retour d'un pays où le commerce ne se fait que par troc, l'estimation des marchandises est faite sur le pied de la valeur de celles données en échange, et des frais de transports.

(Supprimé.)

Les dispositions de cet article ont paru, à la Chambre, impraticables et sujettes à une foule de contestations. Dans les trocs ou échanges, les valeurs sont toujours évaluées; d'ailleurs, si ces données manquaient, il est une opération plus simple que celle proposée par cet article, c'est de faire apprécier les marchandises qui composaient le chargement; et sans qu'il soit besoin de l'exprimer, une telle faculté appartient de droit à l'assuré comme aux assureurs.

269 rapporté ici.

L'assureur peut faire réassurer, par d'autres, les effets qu'il a assurés.

L'assuré peut faire assurer le coût de l'assurance et la solvabilité de l'assureur.

La prime de réassurance peut être moindre ou plus forte que celle de l'assurance.

Supprimé le dernier paragraphe, comme insignifiant.

116.

L'assureur peut faire réassurer, par d'autres les effets qu'il a assurés.

L'assuré peut faire assurer le coût de l'assurance, et la solvabilité de l'assureur.

267 rapporté ici.
Conservé.

117.

En cas de perte des marchandises assurées et chargées pour le compte du capitaine sur le vaisseau qu'il commande, il est tenu de justifier aux assureurs l'achat des marchandises, et d'en fournir un connaissement signé de deux des principaux employés de l'équipage.

118.

268 rapporté ici.

Tous employés de l'équipage et autres passagers, qui apportent des pays étrangers des marchandises par eux assurées en France, sont tenus d'en laisser un connaissement, dans

Supprimé les mots *par eux*, qui forment contre-sens.

Tous employés de l'équipage, ou autres passagers qui apportent des pays étrangers des marchandises assurées en France, sont tenus d'en lais-

RÉDACTION du Projet de Code révisé.	OBSERVATIONS de la Chambre.	RÉDACTION proposée par la Chambre.

RÉDACTION du Projet de Code révisé.

les lieux où le chargement s'effectue, entre les mains de l'agent commercial du Gouvernement français, ou, à défaut, entre les mains d'un Français, notable commerçant.

DEUXIÈME DIVISION.

Des Obligations de l'assuré et de l'assureur.

263 *rapporté ici.*

Conservé.

270.

L'assuré court le risque du dixième des effets qu'il a chargés, s'il n'y a déclaration expresse dans le contrat, qu'il entend faire assurer la totalité.

(Supprimé.)

272 *rapporté ici.*

Sont aux risques des assureurs,

Toutes pertes et dommages qui arrivent sur mer, par tempête, naufrage, échouement, abordage, changement de route, de voyage ou de vaisseau, de jet, feu, prise, pillage, arrêt par ordre de puissance, déclaration de guerre, représailles, et généralement toutes les autres fortunes de mer.

271 *rapporté ici.*

Si l'assuré est dans le navire, ou s'il en est propriétaire, il court le

OBSERVATIONS de la Chambre.

La Chambre croit encore ici que la loi ne doit pas prévoir un semblable cas, et que les contractans doivent être libres dans leurs stipulations.

L'échouement n'est le plus souvent que la conséquence de l'un des accidens prévus : il en résulte ordinairement l'innavigabilité, expression plus générale que la Chambre propose d'y substituer, et qui s'accorde mieux avec les art. 290 et 303 du Projet, conservés sous les n.ᵒˢ 139 et 153.

Cette disposition paraît encore

RÉDACTION proposée par la Chambre.

ser un connaissement, dans les lieux où le chargement s'effectue, entre les mains de l'agent commercial du Gouvernement français, ou à défaut, entre les mains d'un français, notable négociant.

DEUXIÈME DIVISION.

Des Obligations de l'assuré et de l'assureur.

119.

Si le voyage est rompu avant le départ du vaisseau, même par le fait de l'assuré, l'assurance est nulle, et l'assureur restitue la prime, à la réserve d'un demi pour cent.

120.

Sont aux risques des assureurs,

Toutes pertes et dommages qui arrivent sur mer par tempête, naufrage, *innavigabilité,* abordage, changement de route ou de voyage du vaisseau, de jet, feu, prise, pillage, arrêt par ordre de puissance, déclaration de guerre, représailles, et généralement toutes les autres fortunes de mer.

RÉDACTION du Projet de Code révisé.	OBSERVATIONS de la Chambre.	RÉDACTION proposée par la Chambre.

RÉDACTION du Projet de Code révisé.

risque du dixième des effets assurés, s'il n'y a convention contraire.
(Supprimé.)

273.

Tout changement de route, de voyage ou de vaisseau, et toutes pertes ou dommages provenant du fait de l'assuré, déchargent l'assureur, sans qu'il soit tenu de restituer la prime, s'il a commencé à courir les risques.

274.

L'assureur n'est point tenu des pertes et dommages arrivés au navire ou aux marchandises, par la prévarication du capitaine et des gens de l'équipage, s'il n'y a stipulation contraire dans le contrat.

275.
Conservé.

276.
Conservé.

OBSERVATIONS de la Chambre.

à la Chambre, devoir être laissée au libre arbitre des contractans.

Changement de route ou de voyage soit synonymes, par rapport aux assureurs. Le changement de vaisseau, après le voyage commencé, ne peut avoir lieu que par suite d'événemens sinistres, et ces cas sont prévus.

S'il y a relâche, et que l'assuré ne veuille plus continuer son voyage, la prime est acquise de droit. L'article 278 ci-après, conservé sous le n.° 125, renferme une disposition parfaitement applicable à ce cas, si la prime est stipulée pour l'aller et le retour.

La transposition de la clause, *après le voyage commencé,* n'a pas besoin de commentaire.

La Chambre a cru devoir rétablir l'expression de *baraterie,* employée dans le premier Projet, attendu qu'elle est en usage dans tous les autres pays et places maritimes.

RÉDACTION proposée par la Chambre.

121.

Tout changement de route, après *le voyage commencé,* et toutes pertes ou dommages provenant du fait de l'assuré, déchargent l'assureur, sans qu'il soit tenu de restituer la prime.

122.

L'assureur n'est point tenu des pertes et dommages arrivés au navire ou aux marchandises, par la prévarication du capitaine et des gens de l'équipage, *connue sous le nom de baraterie,* s'il n'y a stipulation contraire dans le contrat.

123.

Les déchets, diminutions et pertes qui arrivent par le vice propre de la chose assurée, ne sont pas à la charge de l'assureur.

124.

L'assureur n'est point tenu des pilotage, tonnage et lamanage, ni d'aucune espèce de droits imposés sur le navire et les marchandises.

RÉDACTION du Projet de Code révisé.	OBSERVATIONS de la Chambre.	RÉDACTION proposée par la Chambre.

277.

L'assureur ne répond des dommages survenus par accidens de mer, aux marchandises sujettes à coulage, si la déclaration des marchandises en est faite dans le contrat, ou si l'assurance est faite sur le retour des pays étrangers.

(Supprimé.)

La Chambre n'a point aperçu l'utilité de cet article. Les marchandises sujettes au coulage ou déchet, sont, comme toutes les autres, exposées aux accidens maritimes. Toutes les polices d'assurances contiennent des stipulations relatives à cette espèce de marchandises : ne vaut-il pas mieux laisser aux contractans la faculté d'établir, à leur égard, les conditions qui leur conviendront ! Pourquoi encore la distinction faite, dans cet article, entre les marchandises de retour des pays étrangers, et celles provenant des ports de France !

278.
Conservé.

266 *rapporté ici.*
Conservé.

279.
Conservé.

125.

Si l'assurance a pour objet des marchandises pour l'aller et le retour, et si le vaisseau étant parvenu à sa destination, il ne se fait point de retour, l'assureur est tenu de rendre le tiers de la prime, s'il n'y a stipulation contraire.

126.

L'assureur, sur le chargement, ne peut être contraint au paiement des sommes par lui assurées, que jusqu'à la concurrence de la valeur des effets dont l'assuré justifie le chargement et la perte.

127.

Un contrat d'assurance ou de réassurance, consenti pour une somme excédant la valeur des effets chargés, est nul à l'égard de l'assuré seulement, s'il est prouvé qu'il y a dol ou fraude de sa part.

RÉDACTION du Projet de Code révisé.	OBSERVATIONS de la Chambre.	RÉDACTION proposée par la Chambre.
		L'assuré qui demande le paiement des sommes assurées au-delà de la valeur de ses effets, est poursuivi criminellement.
280. Conservé.		**128.** S'il n'y a ni dol, ni fraude, le contrat est valable jusqu'à concurrence de la valeur des effets chargés, d'après l'estimation qui en est faite ou convenue. En cas de perte, les assureurs sont tenus d'y contribuer à proportion de la somme par eux assurée, et de rendre la prime de l'excédant de la valeur, à la réserve du demi pour cent.
281. Conservé.		**129.** S'il existe plusieurs contrats d'assurance faits sans fraude sur le même chargement, et que le premier contrat assure l'entière valeur des effets chargés, il subsistera seul. Les assureurs qui ont signé les contrats subséquens sont libérés; ils restituent la prime, à la réserve du demi pour cent. Si l'entière valeur des effets chargés n'est pas assurée par le premier contrat, les assureurs qui ont signé les contrats subséquens répondent de l'excédant, en suivant l'ordre de la date des contrats.
282. S'il y a des effets chargés pour le montant des sommes assurées, en cas de perte d'une partie, elle sera payée par tous les assureurs, au marc le franc de leurs intérêts.		**130.** S'il y a des effets chargés pour le montant des sommes assurées, en cas de perte d'une partie, elle sera payée par tous les assureurs, *proportionnellement à* leurs intérêts.

RÉDACTION du Projet de Code révisé.	OBSERVATIONS de la Chambre.	RÉDACTION proposée par la Chambre.
283. Conservé.		**131.** Si l'assurance a lieu divisément pour des marchandises qui doivent être chargées sur plusieurs vaisseaux désignés, avec énonciation de la somme assurée sur chacun, et si le chargement entier est mis sur un seul vaisseau ou sur un moindre qu'il n'en est désigné dans le contrat, l'assureur n'est tenu que de la somme qu'il a assurée sur les vaisseaux qui ont reçu le chargement, nonobstant la perte de tous les vaisseaux désignés, s'il n'y a convention contraire.
284. Si le capitaine a la liberté d'entrer dans différens ports pour compléter son chargement, l'assureur ne court point les risques des effets qui sont à terre, quoique destinés pour le chargement qu'il a assuré, et que le vaisseau soit au port pour les prendre, s'il n'y a stipulation contraire.	La rédaction que la Chambre propose de substituer à l'ancienne, lui paraît exprimer plus clairement l'intention de décharger l'assureur des effets mis à ses risques, et qui, lors d'un événement, ne se trouvent pas à bord du navire.	**132.** Si le capitaine a la liberté d'entrer dans différens ports pour compléter *ou échanger* son chargement, l'assureur *ne court les risques des effets que lorsqu'ils sont à bord,* s'il n'y a convention contraire.
285. Conservé.		**133.** Si l'assurance est faite pour un temps limité, l'assureur est libre après l'expiration du temps, et l'assuré peut faire assurer les nouveaux risques.
ARTICLE ADDITIONNEL. L'assureur est déchargé des risques, et la prime lui est acquise, si l'assuré envoie le vaisseau en un lieu plus éloigné que celui désigné par le contrat, quoique sur la même route, sans le consentement de l'assureur. L'assurance a son entier effet si le voyage est raccourci.	La Chambre a cru devoir supprimer les mots : *sans le consentement de l'assureur;* car si ce consentement est obtenu, c'est une modification dans le contrat.	**134.** L'assureur est déchargé des risques, et la prime lui est acquise, si l'assuré envoie le vaisseau en un lieu plus éloigné que celui désigné par le contrat, quoique sur la même route. L'assurance a son entier effet si le voyage est raccourci.

RÉDACTION du Projet de Code révisé.	OBSERVATIONS de la Chambre.	RÉDACTION proposée par la Chambre.
286. Conservé.		135. Toute assurance faite après la perte ou l'arrivée des objets assurés est nulle, s'il y a présomption qu'avant la signature du contrat, l'assuré a pu être informé de la perte, ou l'assureur de l'arrivée des objets assurés.
287. Conservé.		136. La présomption mentionnée dans l'article précédent existe, si, en comptant trois quarts de myriamètre [une lieue et demie] pour heure, sans préjudice des autres preuves, il est établi que de l'endroit de la perte ou de l'abord du vaisseau, la nouvelle a pu être portée avant la signature du contrat, dans le lieu où il a été passé.
288. Conservé.		137. Si l'assurance est faite sur bonnes ou mauvaises nouvelles, la présomption mentionnée dans l'article 135, n'est point admise. Le contrat n'est annullé que par la preuve que l'assuré savait la perte, ou l'assureur l'arrivée du navire, avant la signature du contrat.
289. Conservé.		138. En cas de preuve contre l'assuré, il restitue à l'assureur ce qu'il en a reçu, et il paie une double prime, En cas de preuve contre l'assureur, il restitue la prime et en paie le double à l'assuré, TROISIÈME

RÉDACTION du Projet de Code révisé.	OBSERVATIONS de la Chambre.	RÉDACTION proposée par la Chambre.

TROISIÈME DIVISION.
Du délaissement,

290.

Le délaissement ne peut être partiel.

Il peut être fait,

En cas de prise, naufrage, bris, échouement, arrêt de la part d'une puissance étrangère, ou de la perte entière des effets assurés.

Il peut être fait,

En cas d'arrêt de la part du Gouvernement, après le voyage commencé.

Tous autres dommages sont réputés avaries, et se règlent entre les assureurs et les assurés, à raison de leurs intérêts.

Une demande pour avarie n'est point admise, si l'avarie n'excède un pour cent.

300 rapporté ici.

ARTICLE ADDITIONNEL.
Conservé.

OBSERVATIONS de la Chambre.

Voir les observations sur l'article 119 [290.e de l'ancien Projet].

TROISIÈME DIVISION.
Du Délaissement.

139.

Le délaissement ne peut être partiel.

Il peut être fait,

En cas de prise, naufrage, bris, *innavigabilité*, arrêt de la part d'une puissance étrangère, ou de la perte entière des effets assurés.

Il peut être fait,

En cas d'arrêt de la part du Gouvernement, après le voyage commencé.

Tous autres dommages sont réputés avaries, et se règlent entre les assureurs et les assurés, à raison de leurs intérêts.

Une demande pour avarie n'est point admise, si l'avarie n'excède un pour cent.

140.

Si, après un an expiré, à compter du jour du départ du navire pour les voyages ordinaires;

Après deux ans pour les voyages de long cours,

L'assuré ne reçoit aucune nouvelle de son navire, il peut faire le délaissement à l'assureur, et demander le paiement de l'assurance, sans qu'il soit besoin d'attestation de la perte.

141.

Sont réputés voyages de long cours, ceux qui se font aux Indes orientales et occidentales, Canada, Terre-Neuve, Groenland et autres côtes et îles de

M

RÉDACTION du Projet de Code révisé.	OBSERVATIONS de la Chambre.	RÉDACTION proposée par la Chambre.
		l'Amérique méridionale et septentrionale ; aux Açores, Canaries, Madère et dans toutes les côtes et pays situés sur l'Océan au-delà des détroits de Gibraltar et du Sund.
291. Conservé.		**142.** Dans tous les cas où le délaissement peut avoir lieu, l'assuré est tenu de signifier à l'assureur ou à celui qui a signé pour lui l'assurance, l'avis qu'il a eu de la perte du vaisseau ou des marchandises assurées, et de tous accidens aux risques des assureurs. La signification ci-dessus mentionnée doit être faite dans les trois jours de la réception de l'avis.
292. Conservé.		**143.** L'assuré peut, par la signification mentionnée en l'article précédent, ou faire le délaissement avec sommation à l'assureur de payer la somme assurée dans le délai fixé par le contrat, ou se réserver d'effectuer le délaissement en temps et lieu.
293. Conservé.		**144.** Si l'époque du paiement n'est point fixée par le contrat, l'assureur est tenu de payer l'assurance trois mois après la signification du délaissement.
294. En cas de naufrage ou d'échouement, l'assuré peut, sans préjudice du délaissement à faire en temps et	L'ordonnance de 1681 n'exigeait point l'affirmation *décisoire ;*	**145.** En cas de naufrage ou d'échouement, l'assuré peut, sans préjudice du délaissement à

RÉDACTION du Projet de Code révisé.	OBSERVATIONS de la Chambre.	RÉDACTION proposée par la Chambre.

lieu, travailler au recouvrement des effets naufragés.

Sur son affirmation décisoire, les frais de recouvrement lui sont alloués jusques à concurrence de la valeur des effets recouvrés.

295.
Conservé.

296.
Conservé.

ARTICLE ADDITIONNEL.
Conservé.

298.
Conservé.

---

et la Chambre a cru qu'il suffisait de la simple affirmation, dans l'hypothèse en question.

---

faire en temps et lieu, travailler au recouvrement des effets nauffragés.

Sur son affirmation, les frais de recouvrèment lui sont alloués jusques à concurrence de la valeur des effets recouvrés.

.146.

L'assuré est tenu, en faisant le délaissement, de déclarer les assurances qu'il a faites ou fait faire, et l'argent qu'il a pris à la grosse, à peine d'être privé de l'effet des assurances.

147.

En cas de contravention à l'article précédent, et si le montant des assurances et des sommes empruntées à la grosse excède la valeur des effets assurés, l'assuré est privé de l'effet de l'assurance; il est tenu de payer les sommes empruntées, nonobstant la perte ou la prise du vaisseau.

148.

Le délaissement et toutes demandes en exécution du contrat, doivent être notifiés aux assureurs dans les six mois après la nouvelle de la perte arrivée aux côtes d'Europe, et dans deux ans après la nouvelle de la perte arrivée dans les autres parties du monde.

149.

Les actes justificatifs du chargement et de la perte sont signifiés à l'assureur, avant qu'il

RÉDACTION du Projet de Code révisé.	OBSERVATIONS de la Chambre.	RÉDACTION proposée par la Chambre.
		puisse être poursuivi pour le paiement des sommes assurées.
299. Conservé.		**150.** L'assureur est admis à la preuve des faits contraires à ceux consignés dans les attestations. L'admission à la preuve n'empêche pas la condamnation au paiement provisoire de la somme assurée, à la charge par l'assuré de donner caution. L'engagement de la caution est éteint après deux années révolues.
301. Conservé.		**151.** Le délaissement signifié, les effets assurés appartiennent à l'assureur ; Il ne peut, sous prétexte du retour du navire, se dispenser de payer la somme assurée. Le navire, le fret des marchandises sauvées, même le fret perçu d'avance, font partie du délaissement et appartiennent à l'assureur, sans préjudice des droits des donneurs à la grosse, des matelots pour leurs loyers, et des frais et dépenses pendant le voyage.
302. En cas d'arrêt de la part d'une puissance, L'assuré est tenu d'en faire la signification à l'assureur. Le délaissement des objets arrêtés ne peut être fait qu'après un délai de six mois, si l'arrêt a eu lieu dans les mers d'Europe ou de la Méditerranée ;	Correction d'ordre.	**152.** En cas d'arrêt de la part d'une puissance, L'assuré est tenu d'en faire la signification à l'assureur. Le délaissement des objets arrêtés ne peut être fait qu'après un délai de six mois, si l'arrêt a eu lieu dans les mers d'Europe ou de la Méditerranée ;

RÉDACTION du Projet de Code révisé.	OBSERVATIONS de la Chambre.	RÉDACTION proposée par la Chambre.

RÉDACTION du Projet de Code révisé.

Qu'après le délai d'un an, si l'arrêt a eu lieu en pays plus éloigné.

Ces délais ne courent qu'à compter du jour de la signification de l'arrêt.

Dans le cas où les marchandises arrêtées sont périssables, les délais ci-dessus mentionnés sont réduits à un mois et demi pour le premier cas, et à trois mois pour le second cas.

303.

Si l'assurance a pour objet le corps et quille du navire, les agrès et apparaux, et si l'assuré justifie que, par accident de mer, le navire est hors d'état de continuer sa route, il peut en faire le délaissement.

Le délaissement ne peut être fait si le navire échoué a été relevé, et s'il a pu continuer sa route jusqu'au lieu de sa destination.

L'assuré conserve son recours tant pour les frais de l'échouement, que pour les avaries.

304.
Conservé.

OBSERVATIONS de la Chambre.

Les mots *agrès et apparaux* sont ici inutiles; leur avarie ne rend pas un navire innavigable, et ne peut donner lieu à un délaissement. La Chambre a substitué aussi l'expression d'*innavigabilité*, à ces mots : « hors d'état de continuer sa route ». Cet amendement est analogue à celui des articles 263 et 290.

RÉDACTION proposée par la Chambre.

Qu'après le délai d'un an, si l'arrêt a eu lieu en pays plus éloigné.

Dans le cas où les marchandises arrêtées sont périssables, les délais ci-dessus mentionnés sont réduits à un mois et demi pour le premier cas, et à trois mois pour le second cas.

Ces délais ne courent qu'à compter du jour de la signification de l'arrêt.

153.

Si l'assurance a pour objet le corps et quille du navire, et si l'assuré justifie que, par accident de mer, le navire *a été déclaré innavigable*, il peut en faire le délaissement.

Le délaissement ne peut être fait si le navire échoué a été relevé, et s'il a pu continuer sa route jusqu'au lieu de sa destination.

L'assuré conserve son recours tant pour les frais de l'échouement, que pour les avaries.

154.

Dans les cas prévus par l'article précédent, l'assuré sur le chargement est tenu d'en faire la notification à l'assureur.

Le capitaine est tenu de faire toutes diligences pour se procurer un autre navire, à l'effet de transporter les marchandises au lieu de leur destination.

L'assureur court les risques jusqu'au débarquement des marchandises, si elles sont chargées sur un autre navire.

RÉDACTION du Projet de Code révisé.	OBSERVATIONS de la Chambre.	RÉDACTION proposée par la Chambre.
		Il est tenu en outre des avaries, frais de déchargement, magasinage, rembarquement, des droits qui auront été payés, de l'excédant du fret, et de tous autres frais qui auront été faits pour sauver les marchandises, jusqu'à concurrence de la somme assurée.
305. Conservé.		**155.** Si dans les délais prescrits par l'article 152, le capitaine n'a pu trouver de navire pour recharger les marchandises et les conduire au lieu de leur destination, L'assuré peut en faire le délaissement.
		156. *Le délaissement peut être fait si le navire a échoué, ou est entré par relâche forcée dans un lieu où il n'existe aucun moyen de réparation.*
La Chambre propose ici une disposition additionnelle qui lui a paru juste. En effet, soit que l'impossibilité de remettre à la mer provienne du mauvais état du navire, ou du défaut de moyens pour le réparer, il y a également *innavigabilité*, et par conséquent lieu à *délaissement.*		
306. Conservé.		**157.** En cas de prise, si l'assuré n'a pu en donner avis à l'assureur, il peut racheter les effets sans attendre son ordre. L'assuré est tenu de notifier à l'assureur la composition qu'il aura faite.
307. Conservé.		**158.** L'assureur a le choix de prendre la composition à son compte ou d'y renoncer; il est tenu de notifier son choix à l'assuré, dans les vingt-quatre heures qui suivent la notification de la composition.

RÉDACTION du Projet de Code révisé.	OBSERVATIONS de la Chambre.	RÉDACTION proposée par la Chambre.
		S'il déclare prendre la composition à son profit, il est tenu de contribuer, sans délai, au paiement du rachat, à proportion de son intérêt, et de continuer de courir les risques du voyage aux termes du contrat d'assurance;
		S'il déclare renoncer au profit de la composition, il est tenu au paiement de là somme assurée, sans pouvoir rien prétendre aux effets rachetés.
		Lorsque l'assureur n'a pas notifié son choix dans le délai susdit, il est censé avoir renoncé au profit de la composition.
QUATRIÈME DIVISION. *Dispositions générales.* 309. Conservé.		QUATRIÈME DIVISION. *Dispositions générales.* 159. Toute contestation pour l'exécution d'un contrat d'assurance, est soumise à des arbitres choisis par les parties.
310. Conservé.		160. Si l'une des parties refuse de nommer son arbitre, il est nommé d'office par le tribunal.
311. Conservé.		161. Dans le mois qui suit la nomination des arbitres, les parties sont tenues de produire leurs pièces et mémoires. Dans le mois suivant, les arbitres prononcent sur les pièces qui leur ont été remises.
312. Conservé.		162. Le jugement arbitral est rendu exécutoire par l'ordonnance du président du tribunal.

RÉDACTION du Projet de Code révisé.	OBSERVATIONS de la Chambre.	RÉDACTION proposée par la Chambre.
TITRE XI. *Des Avaries.* ARTICLE ADDITIONNEL. Conservé.		**TITRE IX.** *Des Avaries.* 163. Toute dépense extraordinaire faite pour le navire et les marchandises, conjointement ou séparément ; tout dommage qui leur arrive depuis leurs chargement et départ, jusqu'à leurs retour et déchargement, sont réputés avaries.
313. Conservé.		164. Les dépenses extraordinaires faites pour le navire ou pour les marchandises séparément ; Les dommages soufferts par le navire seul, ou par les marchandises en particulier, depuis leurs charge et départ jusqu'à leurs retour et décharge, Sont avaries particulières. Les avaries particulières sont supportées et payées par la chose qui a souffert le dommage ou occasionné la dépense.
314. Conservé.		165. Les dépenses extraordinaires faites et les dommages soufferts pour le bien et le salut commun du navire et des marchandises, depuis leurs charge et départ jusqu'à leurs retour et décharge, Sont avaries communes. Les avaries communes sont supportées par les marchandises et par la moitié du navire et du fret, au marc le franc de leur valeur.
316. Conservé		166. Le dommage arrivé aux marchandises

RÉDACTION du Projet de Code révisé.	OBSERVATIONS de la Chambre.	RÉDACTION proposée par la Chambre.

317.
Conservé.

marchandises par leur vice propre, par tempête, prise, naufrage ou échouement, les frais faits pour les sauver, tous les droits auxquels elles sont assujetties,

Sont avaries particulières.

167.

Les choses données par composition et à titre de rachat;

Celles jetées à la mer;

Les câbles ou mâts coupés;

Les ancres et autres effets abandonnés pour le salut commun;

Le dommage fait aux marchandises restées dans le navire en faisant le jet;

Les pansemens et nourriture des matelots blessés en défendant le navire, ou pour le service du navire;

Les frais de la décharge pour entrer dans un havre ou dans une rivière, ou pour remettre à flot le navire, lorsqu'il y est forcé par tempête ou poursuite de l'ennemi,

Sont avaries communes.

168.

318.

La nourriture et le loyer des matelots d'un navire arrêté en voyage par ordre d'une puissance, sont avaries communes.

Il est rare qu'il s'élève des difficultés sur les dépenses faites dans l'hypothèse dont la Chambre a fait ici une disposition additionnelle;

La nourriture et le loyer des matelots d'un navire arrêté en voyage par ordre d'une puissance, *et pendant les réparations souffertes pour le salut commun,* sont avaries communes.

mais nulle loi ne l'a prévu, et cependant cet objet parait assez important pour exiger une disposition formelle.

315 rapporté ici.

La perte des cables, ancres, voiles, mâts, cordages, causée par tempête ou autres accidens de mer;

Le dommage arrivé aux marchandises, faute d'avoir bien fermé les

Le premier paragraphe a paru à la Chambre devoir être supprimé, comme renfermant une erreur grave.

169.

Le dommage arrivé aux marchandises, faute d'avoir bien

N

RÉDACTION du Projet de Code révisé.	OBSERVATIONS de la Chambre.	RÉDACTION proposée par la Chambre.

RÉDACTION du Projet de Code révisé.

écoutilles, amarré le navire, fourni de bons guindages et cordages, et par tous autres accidens provenant de la négligence du capitaine et de l'équipage,

Sont avaries ordinaires, qui retombent sur le capitaine, le navire et le fret.

319.
Conservé.

326.
Conservé.

321.
Conservé.

TITRE XII.
Du Jet et de la Contribution.
322.
Conservé.

OBSERVATIONS de la Chambre.

Les cas qu'il désigne sont rangés, par les articles 272 et 316, au nombre des événemens sinistres à la charge des assureurs.

RÉDACTION proposée par la Chambre.

fermé les écoutilles, amarré le navire, fourni de bons guindages et cordages, et par tous autres accidens provenant de la négligence du capitaine et de l'équipage,

Sont avaries ordinaires qui retombent sur le capitaine, le navire et fret.

170.
Les lamanages, tonnages, pilotages pour entrer dans les havres ou rivières, ou pour en sortir,

Sont avaries ordinaires.

Elles se payent, un tiers par le navire, et deux tiers par les marchandises.

171.
Les droits de congé, visite, rapports, tonnes, balises et ancrages, ne sont point avaries; ils sont acquittés par le capitaine.

172.
En cas d'abordage de navires, le dommage est réparé à frais communs par les navires qui l'ont fait et souffert.

Si l'abordage a été fait par la faute de l'un des capitaines, le dommage est payé par celui qui l'a causé.

L'estimation du dommage est faite par des experts.

TITRE X.
Du Jet et de la Contribution.
173.
Si, par tempête ou par chasse de l'ennemi, le capitaine se croit

RÉDACTION du Projet de Code révisé.	OBSERVATIONS de la Chambre.	RÉDACTION proposée par la Chambre.
		obligé, pour le salut du navire, de jeter en mer une partie de son chargement, de couper ou forcer ses mâts, ou d'abandonner ses ancres, il prend l'avis des intéressés au chargement qui se trouvent dans le vaisseau, et des principaux employés de l'équipage.
		S'il y a diversité d'avis, celui du capitaine et des principaux de l'équipage est suivi.
		174.
		Les ustensiles du vaisseau et autres choses les moins nécessaires, les plus pesantes et de moindre prix, sont jetées les premières, et ensuite les marchandises du premier pont, au choix du capitaine et par l'avis de l'équipage.
ARTICLE ADDITIONNEL. Conservé.		
		175.
323. Conservé.		Le capitaine est tenu de rédiger par écrit la délibération.
		La délibération exprime,
		Les motifs qui ont déterminé le jet,
		Les objets jetés ou endommagés.
		Elle présente la signature des délibérans, ou les motifs de leur refus de signer.
		Elle est transcrite sur le registre.
		176.
324. Le capitaine est tenu, dans les vingt-quatre heures de son arrivée dans un port, d'affirmer les faits contenus dans la délibération transcrite sur le registre. Il est tenu de justifier que son	La suppression du dernier paragraphe n'a pas besoin, sans doute, d'être motivée.	Le capitaine est tenu, dans les vingt-quatre heures de son arrivée dans un port, d'affirmer les faits contenus dans la délibération transcrite sur le registre.

RÉDACTION du Projet de Code révisé.	OBSERVATIONS de la Chambre.	RÉDACTION proposée par la Chambre.
chargement n'excédait pas le port du navire.		
325. Conservé.		**177.** L'état des pertes et dommages est fait, à la diligence du capitaine, par des experts. Les experts sont nommés par le tribunal de commerce, si la décharge se fait dans un port français. Dans les lieux où il n'y a pas de tribunal de commerce, les experts sont nommés par le juge de paix. Ils sont nommés par l'agent commercial du Gouvernement français, si la décharge se fait dans un port étranger. Les marchandises jetées sont estimées suivant le prix courant du lieu de la décharge, d'après les connaissemens ou factures, s'il y en a. Les marchandises sauvées sont estimées suivant le prix courant du lieu de la décharge, d'après l'état où elles se trouvent.
		178. *Les experts nommés en vertu de l'article précédent, font la répartition des pertes et dommages. La répartition est rendue exécutoire par l'homologation du tribunal. Dans les ports étrangers, la répartition est rendue exécutoire par l'agent commercial du Gouvernement français.*
	L'article additionnel proposé, a paru à la Chambre compléter le précédent, et renfermer tout ce que peut exiger l'intérêt des parties, qui ont le droit de proposer aux arbitres tous les moyens et exceptions avoués par la loi.	
326. La répartition, pour le paiement	La disposition insérée par la	**179.** La répartition pour le paie-

REDACTION du Projet de Code révisé.	OBSERVATIONS de la Chambre.	RÉDACTION proposée par la Chambre.
des pertes et dommages, est fait sur les effets jetés et sauvés, et sur moitié du navire et du fret, au marc le franc de leur valeur.	Chambre, est conforme à l'usage, qui détermine l'évaluation des marchandises sur le pied de leur valeur au lieu du déchargement.	ment des pertes et dommages, est fait sur les effets jetés et sauvés, et sur moitié du navire et du fret, *à proportion* de leur valeur *dans le lieu de la décharge.*

327.

Conservé.

180.

Si la qualité des marchandises a été désignée par le connaissement, et qu'elles se trouvent d'une plus grande valeur, elles contribuent sur le pied de leur estimation, si elles sont sauvées.

Elles sont payées d'après la qualité désignée par le connaissement, si elles sont perdues.

Si les marchandises déclarées sont d'une qualité inférieure à celle indiquée par le connaissement, elles contribuent d'après la qualité désignée par le connaissement, si elles sont sauvées.

Elles sont payées sur le pied de leur valeur, si elles sont jetées ou endommagées.

328.

Conservé.

181.

Les munitions de guerre ou de bouche,

Les loyers et hardes des gens de l'équipage,

Ne contribuent point au paiement des dommages occasionnés par le jet.

329.

Conservé.

182.

Si les munitions de guerre et de bouche, ou les hardes des gens de l'équipage, sont jetées en tout ou en partie, la valeur en est payée par contribution sur tous les autres effets.

RÉDACTION du Projet de Code révisé.	OBSERVATIONS de la Chambre.	RÉDACTION proposée par la Chambre.
330. Conservé.		183. Les effets dont il n'y a pas de connaissement, ou déclaration du capitaine, ne sont point payés s'ils sont jetés; ils contribuent s'ils sont sauvés.
331. Conservé.		184. Les effets chargés sur le tillac du navire contribuent s'ils sont sauvés; S'ils sont jetés ou endommagés par le jet, le propriétaire n'est point admis à former une demande en contribution; il n'a recours que contre le capitaine.
332. Conservé.		185. Il n'y a lieu à contribution pour raison du dommage arrivé au navire, que dans le cas où le dommage a été fait pour faciliter le jet.
333. Conservé.		186. Si, en vertu d'une délibération, le navire a été ouvert pour en extraire les marchandises, elles contribuent à la réparation du dommage causé au navire.
334. Conservé.		187. Si le jet ne sauve le navire, il n'y a lieu à aucune contribution. Les marchandises sauvées du naufrage ne sont point tenues du paiement ni du dédommagement de celles qui ont été jetées ou endommagées.
335. Conservé.		188. Si le jet sauve le navire, et

RÉDACTION du Projet de Code révisé.	OBSERVATIONS de la Chambre.	RÉDACTION proposée par la Chambre.
		si le navire en continuant sa route vient à se perdre,
		Les effets sauvés du naufrage contribuent au jet sur le pied de leur valeur en l'état qu'ils se trouvent, déduction faite des frais qui ont été faits pour les sauver.
336. Conservé.		**189.** Les effets jetés ne contribuent, en aucun cas, au paiement des dommages arrivés depuis le jet aux marchandises sauvées. Les marchandises ne contribuent point au paiement du navire perdu ou brisé.
·337· Conservé.		**190.** En cas de perte des marchandises mises dans des barques pour alléger le navire entrant dans un port ou rivière, la répartition en est faite sur le navire et son chargement en entier. Si le navire périt avec le reste de son chargement, il n'est fait aucune répartition sur les marchandises mises dans les allèges, quoiqu'elles arrivent à bon port.
338. En cas de refus de la part des contribuables de payer leur part à la contribution, le capitaine peut retenir leurs marchandises, et en faire ordonner la vente jusqu'à concurrence de leurs portions.	Cet article a paru inexécutable. Pour exiger la contribution, il faut qu'elle soit réglée ; or, son réglement dépend de l'appréciation des marchandises, qui ne peut avoir lieu que lorsqu'elles sont remises aux réclamateurs.	**191.** *En cas de faillite des contribuables, le capitaine est privilégié sur tous les créanciers, pour le montant de la contribution.*

RÉDACTION du Projet de Code révisé.	OBSERVATIONS de la Chambre.	RÉDACTION proposée par la Chambre.

Le but de ces dispositions était d'assurer le paiement au capitaine, contre tous événemens : la Chambre a pensé que ce
but serait atteint, s'il était privilégié en cas de faillite ; et l'article qu'elle propose en conséquence, lui a paru lever toutes
difficultés.

339.
Conservé.

TITRE XIII.

*Des Prescriptions et des Fins
de non-recevoir.*

308 *rapporté ici.*
Conservé.

340.
Conservé.

341.
Conservé,

192.

Si, depuis la répartition, les
effets jetés sont recouvrés par
les propriétaires, ils sont tenus
de rapporter au capitaine et aux
intéressés ce qu'ils ont reçu
dans la contribution, déduction faite des dommages causés
par le jet, et des frais de recouvrement.

TITRE XI.

*Des Prescriptions et des Fins
de non-recevoir.*

193.

Toute action dérivant soit
d'un contrat à la grosse, soit
d'un contrat d'assurance, est
prescrite après cinq ans, à
compter de la date du contrat.

194.

Le capitaine ne peut acquérir la propriété du navire par
la voie de la prescription.

195.

Sont prescrites
Toutes actions en paiement,
Pour fret de navire, gages
et loyers des officiers, matelots
et autres gens de l'équipage, un
an après le voyage fini ;
Pour nourriture fournie aux
matelots, par l'ordre du capitaine, un an après la livraison;
Pour fourniture de bois et
autres

RÉDACTION du Projet de Code révisé.	OBSERVATIONS de la Chambre.	RÉDACTION proposée par la Chambre.
		autres choses nécessaires aux construction, équipement et avictuaillement du vaisseau; un an après les fournitures faites;
		Pour salaires d'ouvriers et pour ouvrages faits, un an après la réception des ouvrages.
		Toutes demandes en délivrance de marchandises, un an après l'arrivée du vaisseau.
342. Conservé.		**196.** La prescription ne peut avoir lieu s'il y a cédule, obligation, arrêté de compte ou interpellation judiciaire.
343. Conservé.		**197.** Sont non-recevables, Toutes actions contre le capitaine et les assureurs pour dommage arrivé à la marchandise, si elle a été reçue sans protestations; Toutes actions contre l'affréteur, pour avaries, si le capitaine a reçu son fret sans avoir protesté; Toutes actions en indemnité pour dommages causés par l'abordage dans un port, havre ou autres lieux, dans lesquels le capitaine a pu agir, si l'action a été intentée dans les vingt-quatre heures après l'abordage.
344. Conservé.		**198.** Les protestations ci-dessus mentionnées sont de nul effet, si, dans le mois de leur date, elles n'ont été suivies d'une demande en justice.

O

RÉDACTION du Projet de Code révisé.	OBSERVATIONS de la Chambre.	RÉDACTION proposée par la Chambre.

RÉDACTION du Projet de Code révisé.

TITRE II.
(Rapporté ici.)
De la Saisie et Vente des navires.

154.

Conservé.

155.

Vingt-quatre heures après le commandement de payer, l'huissier porteur de commission peut procéder à la saisie du navire.

Il énonce dans le procès-verbal,

Les nom, profession et demeure du créancier pour qui il agit;

Le titre en vertu duquel il procède;

La somme dont il poursuit le paiement;

L'élection de domicile faite par le créancier dans le lieu où siège le tribunal de commerce devant lequel la vente doit être poursuivie, et dans le lieu où le navire saisi est amarré;

Les noms du propriétaire et du capitaine;

Le nom, la forme et le port du bâtiment.

Il fait inventaire des chaloupes, canots, agrès, ustensiles, armes, munitions et provisions;

Il établit un gardien reconnu solvable.

156.

Si le propriétaire du navire saisi

OBSERVATIONS de la Chambre.

La Chambre a retranché du dernier paragraphe de cet article, les mots : *reconnu solvable.* Un homme solvable d'objet tels qu'un navire, ne fait pas le métier de gardien.

La Chambre, dans son travail

RÉDACTION proposée par la Chambre.

TITRE XII.

De la Saisie et Vente des navires.

199.

Tous navires et autres bâtimens peuvent être saisis et vendus par autorité de justice.

La saisie ne peut avoir lieu pour une créance au-dessous de deux cents francs.

200.

Vingt-quatre heures après le commandement de payer, l'huissier porteur de commission peut procéder à la saisie du navire.

Il énonce dans le procès-verbal,

Les nom, profession et demeure du créancier pour qui il agit;

Le titre en vertu duquel il procède;

La somme dont il poursuit le paiement;

L'élection de domicile faite par le créancier dans le lieu où siège le tribunal de commerce devant lequel la vente doit être poursuivie, et dans le lieu où le navire saisi est amarré;

Les noms du propriétaire et du capitaine;

Le nom, la forme et le port du bâtiment.

Il fait inventaire des chaloupes, canots, agrès, ustensiles, armes, munitions et provisions.

Il établit un gardien.

201.

Si le propriétaire du navire

RÉDACTION du Projet de Code révisé.	OBSERVATIONS de la Chambre.	RÉDACTION proposée par la Chambre.

RÉDACTION du Projet de Code révisé.

demeure dans l'arrondissement du tribunal de commerce,

Le saisissant doit lui faire notifier, dans le délai de trois jours, copie du procès-verbal de saisie, et le faire citer devant le tribunal, pour voir procéder à la vente des choses saisies.

Si le propriétaire n'est point domicilié dans l'arrondissement du tribunal, les significations et citations lui sont données à la personne du capitaine du bâtiment saisi, ou, en son absence, à celui qui le représente,

S'il est étranger et hors de France, les citations et significations sont données tant au capitaine qu'au commissaire du Gouvernement près le tribunal de commerce.

Article additionnel.

Si le navire est désarmé, les citations et significations sont données, pour le propriétaire français, à son domicile; et pour le propriétaire étranger, au domicile du commissaire du Gouvernement.

Si le propriétaire du vaisseau désarmé est français, et s'il est domicilié hors de l'arrondissement du tribunal, le délai de trois jours, mentionné dans l'article précédent, est augmenté d'un jour à raison de deux myriamètres et demi [cinq lieues] de la distance de son domicile,

(Supprimé.)
157.
Conservé.

OBSERVATIONS de la Chambre.

sur le III.ᵉ livre, a voté contre l'institution des commissaires du Gouvernement près les tribunaux de commerce. Elle propose de substituer à ce commissaire, celui près le tribunal d'appel ; et cette disposition paraît en même temps plus analogue à celles du Code civil.

L'article précédent a paru, à la Chambre, prévoir suffisamment tout ce qu'il est nécessaire de prescrire relativement à la notification des saisies.

RÉDACTION proposée par la Chambre.

saisi demeure dans l'arrondissement du tribunal de commerce,

Le saisissant doit lui faire notifier, dans le délai de trois jours, copie du procès-verbal de saisie, et le faire citer devant le tribunal, pour voir procéder à la vente des choses saisies.

Si le propriétaire n'est point domicilié dans l'arrondissement du tribunal, les significations et citations lui sont données à la personne du capitaine du bâtiment saisi, ou, en son absence, à celui qui le représente.

S'il est étranger et hors de France, les citations et significations sont données tant au capitaine qu'au commissaire du Gouvernement près le tribunal *d'appel.*

202.

Si la saisie a pour objet un bâtiment dont le port soit au-dessus de dix tonneaux,

RÉDACTION du Projet de Code révisé.	OBSERVATIONS de la Chambre.	RÉDACTION proposée par la Chambre.
		Il sera fait trois criées et publications des objets mis en vente.
		Les criées et publications seront faites consécutivement, de huitaine en huitaine, dans la place publique du lieu où le bâtiment est amarré.
158. Conservé.		**203.** Dans les deux jours qui suivent chaque criée et publication, il est apposé des affiches, Au grand mât du bâtiment saisi; A la porte principale du tribunal devant lequel on procède; Sur le quai du port, et dans la place publique du lieu où le bâtiment est amarré.
159. Les criées, publications et affiches, doivent désigner, Les nom, profession et demeure du poursuivant; Les titres en vertu desquels il agit; Le montant de la somme qui lui est due; L'élection de domicile par lui faite dans le lieu où siége le tribunal, et dans le lieu où le bâtiment est amarré; Les nom, profession et demeure du propriétaire du navire saisi; Le nom du bâtiment et celui du capitaine; Le port du navire; Le lieu où il est gisant ou flottant;	Les quatrième et cinquième paragraphes ont paru inutiles à la Chambre; les renseignemens dont ils exigeaient la publication, étant indifférens aux acheteurs.	**204.** Les criées, publications et affiches, doivent désigner, Les nom, profession et demeure du poursuivant; Les titres en vertu desquels il agit; Les nom, profession et demeure du propriétaire du navire saisi; Le nom du bâtiment et celui du capitaine; Le port du navire; Le lieu où il est gisant ou flottant;

RÉDACTION du Projet de Code révisé.	OBSERVATIONS de la Chambre.	RÉDACTION proposée par la Chambre.
Les jours des audiences auxquelles les enchères seront reçues.		Les jours des audiences auxquelles les enchères seront reçues.
160. Conservé.		**205.** Après la première criée, les enchères sont reçues le jour indiqué par l'affiche. Le juge commis pour la vente, continue de recevoir les enchères après chaque criée, de huitaine en huitaine, à jour certain et limité.
161. Conservé.		**206.** Après la troisième criée, l'adjudication est faite au plus offrant et dernier enchérisseur, sans autre formalité. Le juge peut accorder une ou deux remises : Elles sont publiées, affichées et notifiées à la partie saisie.
162. Conservé.		**207.** Si la saisie porte sur des barques, chaloupes et autres bâtimens du port de dix tonneaux et au-dessous, l'adjudication est faite à l'audience, après la publication sur le quai, pendant trois jours consécutifs, et s'il y a huit jours francs entre la saisie et la vente.
163. Les adjudicataires sont tenus de payer le prix de leur adjudication dans le délai de vingt-quatre heures, ou de le consigner, sans frais, au greffe du tribunal de commerce, à peine d'y être contraints par corps.	Dans cet article (et nulle part il n'y est suppléé), la folle enchère ne se trouvait pas définie ; en sorte qu'il était besoin, pour procéder à une nouvelle adjudication, d'une nouvelle saisie avec toutes ses formes. La rédaction	**208.** Les adjudicataires sont tenus de payer le prix de leur adjudication dans le délai de vingt-quatre heures, ou de le consigner, sans frais, au greffe du tribunal de commerce, à peine d'y être contraints par corps.

RÉDACTION du Projet de Code révisé.	OBSERVATIONS de la Chambre.	RÉDACTION proposée par la Chambre.
A défaut de paiement ou de consignation , le bâtiment est remis en vente et adjugé, trois jours après, à la folle enchère des adjudicataires.	que la Chambre propose pour le second paragraphe , simplifie cette marche, en déterminant quand il y a lieu à folle enchère, et comment elle se constate.	A défaut de paiement ou de consignation *constatée par une sommation ,* le bâtiment est remis en vente et adjugé, *après une nouvelle et seule publication,* à la folle enchere des adjudicataires.
164. Conservé.		209. Les demandes ou oppositions en distraction, sont formées et notifiées au greffe du tribunal, avant l'adjudication. Si les demandes ou oppositions en distraction ne sont formées qu'après l'adjudication , elles sont converties, de plein droit, en oppositions à la délivrance des sommes provenant de la vente.
165. Conservé.		210. Le demandeur ou l'opposant a trois jours pour fournir ses moyens. Le défendeur a trois jours pour contredire. La cause est portée à l'audience sur une simple citation.
166. Conservé.		211. La vente judiciaire du navire fait cesser les fonctions du capitaine, sauf à lui à se pourvoir en dédommagemens contre qui de droit.
167. Conservé.		212. Les oppositions à la délivrance du prix, ne sont point admises après les trois jours qui suivent celui de l'adjudication.
168. Conservé.		213. Les créanciers opposans sont

RÉDACTION du Projet de Code révisé.	OBSERVATIONS de la Chambre.	RÉDACTION proposée par la Chambre.

tenus de produire au greffe leurs titres de créances, dans les trois jours qui suivent la sommation qui leur en est faite.

A défaut, il est procédé à la distribution du prix de la vente.

169.

La distribution est faite dans l'ordre suivant, et par concurrence entre les créanciers qui sont au même degré :

1.º Le remboursement de tous les frais faits pour parvenir à la vente et à la distribution ;

2.º Les gages du gardien du navire, tant avant que depuis la saisie réelle ;

3.º Le loyer du magasin où étaient déposés les agrès et apparaux, &c. ;

4.º Les frais dus pour racommodage de voiles et cordages, depuis le dernier voyage du navire ;

5.º Les droits de calage et amarrage du navire ;

6.º Les gages et loyers du capitaine et autres gens de l'équipage employés au dernier voyage ;

7.º Le remboursement des sommes prêtées et de la valeur des marchandises vendues pour les besoins du navire pendant le dernier voyage ;

8.º Le remboursement des sommes prêtées pour radoubs, victuailles et équipement, avant le départ du navire ;

9.º Le remboursement des sommes laissées à la grosse à titre de renouvellement de ceux donnés pour un précédent voyage ;

OBSERVATIONS de la Chambre.

La simple comparaison de la rédaction de l'article proposé par la Chambre, avec celui du Projet de Code, justifiera suffisamment quelques-uns des changemens qu'elle a cru devoir faire dans les priviléges, ainsi que dans leur ordre.

Elle a réuni, en les modifiant, les 3.ᵉ et 4.ᵉ priviléges, pour n'y comprendre, avec les loyers de magasins, que les frais d'entretien (dans ces magasins) des agrès et apparaux. Leurs réparations (autres que celles faites pendant le dernier voyage, et qui sont comprises dans un autre privilége) n'en sont pas susceptibles.

Le 7.ᵉ privilége, qui remplace le 8.ᵉ du Projet, est suffisamment explicite, dès qu'il comprend toutes les sommes prêtées à la grosse, par actes qui doivent être enregistrés dans les dix jours, à peine de nullité.

Il permet de supprimer les 9.ᵉ et 10.ᵉ ; le 9.ᵉ, en ce qu'il faisait mention de contrats qui n'existent pas ; attendu qu'un contrat par re-

214.

La distribution est faite dans l'ordre suivant, et par concurrence entre les créanciers qui sont au même degré :

1.º Le remboursement de tous les frais faits pour parvenir à la vente et à la distribution ;

2.º Les gages du gardien du navire ;

3.º Les loyers du magasin *pour les agrès et apparaux, et les frais dus pour leur entretien ;*

4.º Les droits d'*ancrage* et amarrage du navire ;

5.º Les gages et loyers du capitaine et autres gens de l'équipage employés au dernier voyage ;

6.º Le remboursement des sommes prêtées et de la valeur des marchandises vendues pour le besoin du navire pendant le dernier voyage ;

7.º Le remboursement des sommes prêtées *à la grosse ;*

8.º *Les primes d'assurance ;*

RÉDACTION du Projet de Code révisé.	**OBSERVATIONS** de la Chambre.	**RÉDACTION** proposée par la Chambre.

RÉDACTION du Projet de Code révisé.

10.° Le remboursement des sommes dues au vendeur du navire;

11.° Les dommages et intérêts dus aux affréteurs.

Après l'acquittement des créances privilégiées, l'excédant du prix est distribué, au marc le franc, entre les créanciers non privilégiés.

OBSERVATIONS de la Chambre.

nouvellement est un nouveau contrat, et que, de l'ancienneté de la créance il ne résulte aucun privilége d'ordre.

Le 10.°, par une conséquence des principes adoptés sur les revendications. (*Voyez* livre III, titre *des Faillites.*)

RÉDACTION proposée par la Chambre.

9.° Les dommages et intérêts dus aux affréteurs.

Après l'acquittement des créances privilégiées, l'excédant du prix est distribué, proportionnellement, entre les créanciers non privilégiés.

Enfin, la Chambre croit avoir réparé un oubli des auteurs du Projet, en déclarant privilégiées *les primes d'assurance.* Il y a identité entre les créances de cette nature et celles résultantes d'actes à la grosse : les unes et les autres sont des engagemens contractés sur la chose, elle doit par conséquent être affectée à la sûreté de leur exécution.

170.

Si le bâtiment n'a point encore fait de voyage, celui qui l'a vendu au débiteur saisi, les charpentiers, calfateurs et autres ouvriers employés par le propriétaire à la construction, les créanciers pour les bois, cordages et autres choses fournies pour le bâtiment, sont payés par préférence à tous autres créanciers, et par concurrence entre eux.

215.

Si le bâtiment n'a point encore fait de voyage, les charpentiers, calfateurs et autres ouvriers employés à *la Journée* par le propriétaire, à la construction, sont payés par préférence à tous autres créanciers, et par concurrence entre eux.

Les contrats à la grosse dûment enregistrés, sont payés ensuite, aussi par préférence et en concurrence entre eux, pour le capital seulement.

L'addition à cet article, d'un second paragraphe, est suffisamment motivée par les dernières observations sur l'article précédent.

A l'égard du premier paragraphe, la Chambre, en le modifiant et en refusant aux fournisseurs du navire, le privilége qu'elle conserve aux seuls ouvriers travaillant à la journée, s'est appuyée sur les principes établis à l'égard des revendications.

Elle a considéré qu'ils recevaient leur application naturelle envers les fournisseurs d'argent, de bois; les forgerons, cordiers, voiliers, menuisiers, peintres, et généralement toute espèce d'ouvriers autres que ceux payés par le propriétaire à la journée, puisque tous fournissent à terme, n'ont en vue pour leur paiement que l'armateur, et ne regardent point comme un gage le navire, dont leurs travaux préparent l'éloignement, qui part souvent avant l'expiration du terme de leurs créances, et qui à son retour peut avoir absorbé toute sa valeur dans les

dépenses

RÉDACTION du Projet de Code révisé.	OBSERVATIONS de la Chambre.	RÉDACTION proposée par la Chambre.
dépenses privilégiées sur toutes celles qui ont eu lieu dans le cours du voyage. 171. Conservé.		216. Si le profit n'a lieu que pour une portion de la copropriété du navire dans le moment où il est prêt à faire voile, les co-propriétaires, autres que celui saisi, peuvent faire naviguer le bâtiment, en s'obligeant solidairement de rendre compte aux créanciers exerçant les droits du débiteur saisi.

Nota. La Chambre, en terminant son travail, n'a pu se défendre d'un sentiment de regret en observant de quelle manière se trouvent disséminées toutes les attributions dont le tribunal de l'amirauté était investi par l'ordonnance de 1681.

Aujourd'hui :

Les réceptions des capitaines et officiers sont attribuées......... aux municipalités.
Les congés et rapports.. aux douanes.
Les naufrages et sauvetages...................................... aux préfets maritimes.
Les appositions de scellés....................................... aux juges de paix.
Les prises... au conseil des prises.
Les délits... aux tribunaux criminels.
Les contestations civiles.. aux tribunaux de commerce.

Cette division peut n'être pas sans utilité; mais le commerce trouverait nécessairement de l'avantage à voir plusieurs de ces parties conférées à un magistrat familier aux opérations maritimes, qui connaîtrait provisoirement de toutes les contestations.

Sous le nom d'Amirauté, d'Office maritime, ou toute autre dénomination, ce magistrat, nommé par le Gouvernement, sur une liste triple de citoyens présentés par le commerce, dans les mêmes formes d'élection que celles usitées pour les tribunaux de commerce, pourrait réunir,

1.º La réception des capitaines et autres officiers;

2.º Les congés, rapports et actes de francisation;

3.º Les nominations d'experts dans tous les cas où il en est besoin;

4.º Les reconnaissances de naufrages, bris et sauvetages; les travaux à y faire, réquisitions et prestations de main-forte aux propriétaires qui requièrent d'opérer par eux-mêmes;

5.º Les appositions de scellés sur les navires de prise et autres;

6.º Les procès-verbaux et informations préalables de toutes affaires, sauf à renvoyer aux tribunaux compétens les mandats d'arrêt et préhension des prévenus de délits;

P

7.° Le jugement définitif de toutes les contestations maritimes et affaires entre marins, jusqu'à 100 francs;

8.° Le droit, dans toutes autres contestations concernant les navires, de mettre, moyennant cautionnement solvable, les navires et les hommes en liberté, en renvoyant pour le fond au tribunal compétent;

9.° Des registres pour chaque partie, et un greffe où seraient reçues les déclarations de construction et vente de navires, les oppositions conservatoires de priviléges, les procès-verbaux de visite de navires, et tous les autres actes d'expertise.

La Chambre croit inutile de donner plus de développemens à cette idée, dont elle soumet d'abord le principe aux lumières du Gouvernement et à l'examen des Chambres de commerce, et particulièrement de celles des ports.

LIVRE III.

Observations préliminaires.

AVANT de se livrer à l'examen détaillé des articles qui composent les premiers titres du 3.ᵉ livre du Projet de code de commerce, la Chambre a cru devoir discuter le principe de l'établissement, entièrement nouveau, des commissaires du Gouvernement près les tribunaux de commerce; puisque, si cette institution n'était pas admise ou éprouvait des modifications, presque tous les articles des premiers titres du 3.ᵉ livre devenaient susceptibles de réforme.

Cette institution présente des dangers frappans; et la Chambre a partagé les craintes qu'ont manifestées à cet égard presque toutes les grandes villes : elle a envisagé cette institution sous tous ses rapports.

Elle a pesé et discuté avec maturité divers Contre-projets présentés par ses membres, pour suppléer à cette institution. Celui proposé par le Conseil général du commerce, a fixé long-temps son attention; mais elle a été forcée de l'abandonner.

Enfin, la Chambre n'a jugé l'institution des commissaires près les tribunaux de commerce admissible, qu'avec des modifications qui portent essentiellement sur trois points : 1.° leurs attributions; 2.° leur salaire; 3.° le mode de leur élection.

La multiplicité et le scandale des faillites ont suggéré l'idée de l'établissement de ces officiers, destinés principalement à diriger les affaires des faillis, à défendre les intérêts des créanciers, sur-tout des créanciers absens; à repousser l'influence funeste des intermédiaires, qui, dans les assemblées de créanciers, se jettent entre eux et les faillis; à éclairer la conduite de ces derniers, scruter la cause des faillites, et livrer à la vindicte des lois les débiteurs de mauvaise foi.

Le besoin d'un semblable frein est généralement senti : on a vu trop long-temps les créanciers, malgré l'intérêt qui les dirige, ne se réunir que pour se hâter de consommer leurs sacrifices, afin d'oublier plutôt leurs pertes; et le débiteur, enrichi par une transaction léonine, reparaître le front levé, et afficher de nouveau les succès de l'immoralité.

Mais si les abus des faillites appellent l'intervention d'une partie publique, active, vigilante, protectrice des créanciers, répressive de la mauvaise foi, il n'y a aucune espèce de nécessité à une intervention semblable, dans le jugement des contestations ordinaires du commerce : l'influence d'un commissaire sur le tribunal serait dangereuse, produirait des discordances et des tiraillemens. Un seul homme ne suffirait point, dans les grandes villes, à l'étendue des devoirs qui lui seraient imposés.

Par ces motifs et d'autres réunis, la Chambre a pensé que les fonctions des commissaires devant, par leur nature, être restreintes aux faillites, le titre de commissaires aux faillites était celui qui leur convenait le mieux.

La seconde question qui s'est présentée, est celle du salaire de ces commissaires.

Il a paru à la Chambre que les fonctions de cette magistrature seront à-la-fois si importantes et si délicates, qu'il est à desirer que ceux qui en seront revêtus, ne puissent ni perdre, par une trop longue habitude, cette ferveur de zèle qu'un travail honorable et passager inspire, ni être tentés de regarder ce travail comme *un métier* qu'on puisse rendre plus ou moins lucratif, ou qui puisse influer sur leur bien-être autrement que par la juste considération qu'il doit leur mériter.

L'opinion générale de la Chambre s'est donc prononcée pour n'attacher aucun salaire à ces fonctions.

Mais des commissaires gratuits porteront-ils dans leurs fonctions l'assiduité, les lumières, la fermeté qu'elles exigent ! La Chambre s'en est flattée : elle a cru que le dévouement dont les membres des tribunaux de commerce donnent l'exemple journalier, serait imité par des commissaires aux faillites, nommés, ainsi que les juges, en nombre proportionné à l'importance des villes de commerce, et par les mêmes électeurs.

On évitera ainsi que ces commissaires se trouvent surchargés. Les choix porteront sur des négocians capables et bien famés.

Les négocians commissaires aux faillites suffiront pour assurer la répression des délits des faillis, qui se trouveront constatés dans un rapport pur et simple au tribunal de commerce, des faits qu'ils auront reconnus.

Ces principes une fois déterminés, la Chambre a procédé à l'examen du livre 3.ᵉ, article par article.

RÉDACTION du Projet de Code révisé.	**OBSERVATIONS** de la Chambre.	**RÉDACTION** proposée par la Chambre.

LIVRE TROISIÈME.
TITRE Ier
De la Faillite.

345.

Tout commerçant qui cesse ses paiemens est en état de faillite.

Dans les trois jours qui suivent la cessation de paiemens, il est tenu d'en faire la déclaration au greffe du tribunal de commerce.

Dans les lieux où il n'y a pas de tribunal de commerce, la déclaration doit être faite, dans le même délai, devant le juge de paix de l'arrondissement.

La déclaration indique le jour de la cessation de paiemens.

Le délai de trois jours pour la déclaration de cessation de paiemens, a paru beaucoup trop long : pendant ce terme, le débiteur de mauvaise foi peut abuser de la liberté qu'il conserve, détourner des marchandises ; celui qui n'est que faible peut céder aux sollicitations, aux menaces des créanciers les plus actifs, et faire en leur faveur des dispositions illégitimes.

Il est essentiel que la partie publique, protectrice des absens, intervienne le plutôt possible : la Chambre a cru que le délai de vingt-quatre heures devait être obligatoire, puisqu'il était praticable.

353 rapporté ici.

Conservé.

LIVRE TROISIÈME.
TITRE Ier
De la Faillite.
ARTICLE Ier

Tout commerçant qui cesse ses paiemens, est en état de faillite.

Dans les *vingt-quatre heures* qui suivent la cessation de paiement, il est tenu d'en faire sa déclaration au greffe du tribunal de commerce.

Dans les lieux où il n'y a pas de tribunal de commerce, la déclaration doit être faite, dans le même délai, devant le juge de paix de l'arrondissement.

La déclaration indique le jour de la cessation de paiemens.

2.

L'ouverture de la faillite est fixée par la déclaration du débiteur, faite dans le délai prescrit par l'article précédent ;

Elle est fixée par la retraite du débiteur, ou la clôture de ses magasins ;

Elle est fixée par la date du premier protêt faute de paiement de billets souscrits par le débiteur, ou de lettres de change par lui acceptées, ou par la date de tous actes constatant le refus de payer, s'ils sont suivis d'une cessation absolue de paiemens.

3.

A compter de l'ouverture de

346.
Conservé.

RÉDACTION du Projet de Code révisé.	OBSERVATIONS de la Chambre.	RÉDACTION proposée par la Chambre.

RÉDACTION du Projet de Code révisé.

347.
Conservé.

348.
Conservé.

OBSERVATIONS de la Chambre.

Le scandale, trop public et trop fréquent, des hypothèques fictives, par lesquelles des négocians de mauvaise foi ont dépouillé leurs créanciers, et se sont assuré la jouissance d'une fortune insultante, soit par des obligations au profit d'un tiers complaisant, soit par d'amples donations à leurs femmes, soit par des dots magnifiques à leurs enfans ; ce scandale, disons-nous, semble appeler des lois prohibitives, qui restreignent l'emploi de la fortune immobilière des négocians, sur laquelle repose en partie le crédit dont ils jouissent ; mais en cherchant à réprimer la mauvaise foi, il est un autre écueil à éviter, celui de gêner le commerce, d'attenter à la liberté des transactions civiles, par des mesures de sévérité que l'astuce des fripons trouverait encore moyen d'éluder. En se rappelant l'axiome : *in vitium ducit culpæ fuga*, la Chambre a pensé néanmoins qu'il ne pouvait y avoir d'inconvénient à restreindre, pour les négocians, une faculté que la loi civile laisse à tous les autres citoyens, celle de disposer d'une partie de leur fortune par des donations entre-vifs, en faveur de leurs conjoints, lorsqu'ils n'ont pas d'enfans. C'est donc dans cette vue qu'elle a rédigé l'article ci-contre, d'après lequel toute donation de cette espèce sera annullée, en cas de faillite du donataire.

Au surplus, en hasardant cette proposition, elle en soumet

RÉDACTION proposée par la Chambre.

la faillite, tous les biens, meubles et immeubles du débiteur sont sous la garde de la loi.

4.

Nul créancier ne peut acquérir privilége ni hypothèque sur les biens du failli, dans les dix jours qui précèdent l'ouverture de la faillite.

5.

Tous actes translatifs de propriété immobilière, faits dans les dix jours qui précèdent l'ouverture de la faillite, sont nuls.

6.

Toute donation entre mari et femme commerçans, faites postérieurement à leur mariage, dans l'intervalle des cinq années qui précèdent leur faillite, sont nulles; les valeurs données sont rapportées à la masse.

RÉDACTION du Projet de Code révisé.	OBSERVATIONS de la Chambre.	RÉDACTION proposée par la Chambre.

entièrement le principe aux législateurs, dont les lumières sauront en tirer le parti le plus avantageux, s'il est susceptible d'un développement utile.

349.
Conservé.

7.
Tous actes ou engagemens, pour faits de commerce, contractés par le débiteur, dans les dix jours qui précèdent l'ouverture de la faillite, sont présumés frauduleux de la part du failli.

350.
Conservé.

8.
Toutes sommes payées dans les dix jours qui précèdent l'ouverture de la faillite, pour dettes commerciales non échues, sont rapportées.

ARTICLE ADDITIONNEL.
Conservé.

9.
Tous actes ou paiemens, faits en fraude des créanciers sont nuls.

351.
La loi n'admet aucune revendication sur les marchandises ou autres effets mobiliers du failli.

10.
La loi n'admet aucune revendication sur les marchandises ou autres effets mobiliers *vendus ou négociés* au failli.

Le principe nouveau que consacre cet article, n'a pas obtenu l'adhésion générale : la Chambre l'avait discuté et adopté, lorsqu'une circulaire du ministre de l'intérieur lui a fait un devoir d'examiner cette question avec un soin plus attentif encore.

Les revendications presque généralement usitées, s'exercent avec une bigarrure qui seule est déjà un inconvénient des plus graves. Le ministre a désiré connaître quels étaient, à cet égard, les usages des nations étrangères ; et nous allons exposer ici les renseignemens que nous avons recueillis sur ce point.

On nous informe d'Espagne que l'ordonnance de Bilbao, encore en vigueur, porte :

Chap. XVII. art. 10. « Le prieur et les consuls ne pourront ac- » corder à aucun créancier, pendant la saisie et l'inventaire, aucuns » effets quelconques déclarés par eux mis à la disposition du failli,

RÉDACTION du Projet de Code révisé.	OBSERVATIONS de la Chambre.	RÉDACTION proposée par la Chambre.

»par voie de dépôt confidentiel, ou en commission, échange, ou
»pour un achat prochain effectué par ce moyen, ni pour aucune
»autre raison ni prétexte quelconques, qu'ils puissent alléguer avec
»serment, justification et note de marques; jusqu'à ce que les assem-
»blées de créanciers réunis y aient donné leur consentement, et
»exprimé leur détermination formelle, et sans avoir rempli les forma-
»lités prescrites par les articles 16 et 28.

Art. 16. »Les créanciers qui auraient des effets existans dans la
»maison d'un failli, remis en commission comme de propre compte,
»ou reçus de main tierce, et qui, soit pour ne s'être pas fait couvrir
»de leur valeur, soit pour autre cause, prétendraient y avoir droit,
»devront former leur prétention en s'appuyant de pièces justificatives,
»savoir, pour ceux de cette ville, dans le délai des huit jours qui
»suivront celui de l'apposition des scellés et inventaire des biens, li-
»vres et papiers du failli; et pour les créanciers du dehors, dans le
»terme fixé par l'article précédent, respectivement, suivant l'éloigne-
»ment de leur résidence. Il sera fait droit à cette prétention, suivant
»les formes ci-après déterminées; avec cette observation que, passé
»lesdits termes, si malicieusement ils ne se présentent pas, ils n'auront
»plus recours sur lesdits effets; mais il sera fait estimation des créances
»desdits créanciers, comme entrant dans la masse commune, dans
»laquelle ils recevront, comme les autres, ce qui leur reviendra au
»marc la livre.

Art. 23. »Si, par résultat de vente de marchandises en commission,
»faite par le failli, il se trouvait que quelqu'un des acheteurs n'en
»eût pas payé le prix ou partie du prix, ce qui sera ainsi dû par cet
»acheteur, est déclaré appartenir au propriétaire desdits effets ou mar-
»chandises, sans qu'elles doivent entrer avec les autres dans la masse
»commune. En conséquence, ledit propriétaire est sujet aux risques
»à courir pour le paiement de la part des acheteurs, et ce, nonobs-
»tant l'abandon desdites garanties, et même nonobstant que le com-
»missionnaire failli ait été *ducroire* pour son commettant; car celui-ci
»ne doit point perdre son action contre l'acheteur qui se maintient
»en crédit, par une semblable convention de *ducroire*, puisque la
»prime qu'il a donnée n'a pas été pour se préjudicier, mais bien pour
»améliorer ses droits récursoires : et si lesdits acheteurs ont souscrit
»des lettres de change pour le tout ou partie de ces marchandises
»achetées, il est ordonné que si elles se trouvent au pouvoir du failli,
»elles soient livrées au propriétaire; mais si le failli les a négociées,
»en ce cas le propriétaire des marchandises pour lesquelles elles ont
»été faites, ne conserve aucun droit sur lesdites lettres de change,
»mais devra se présenter et concourir comme créancier personnel. »

RÉDACTION du Projet de Code révisé.	OBSERVATIONS de la Chambre.	RÉDACTION proposée par la Chambre.

On ajoute sans citation :

« En général, toutes les fois qu'au moment de la déclaration de faillite, il se trouve, dans la maison du failli, des effets et marchandises conservant leur identité, ils sont restitués, moyennant la justification qui en est faite, ou dans la forme tracée par les paragraphes indiqués. »

L'ordonnance de Bilbao ci-dessus rapportée, n'est pas rédigée d'un manière claire ni concise : on voit au surplus, qu'elle n'a trait qu'aux marchandises données en commission, et n'autorise pas la revendication de celle vendues ou négociées au failli.

En Portugal, elle a lieu pour les marchandises vendues et non payées, pendant quarante jours, depuis la livraison. Lorsque l'acheteur les a mises en risques maritimes, elles ne sont plus revendicables.

En Angleterre, quand un failli, après un acte de faillite, achète des terres, marchandises, &c., ou les acquiert par un moyen quelconque, avant que ses dettes ne soient payées, ces acquisitions accroissent à la masse.

> *Nota.* Ceci doit s'entendre, sans doute, des acquêts et conquêts antérieurs à un atermoiement auquel les quatre cinquièmes des créanciers, en nombre et en sommes, sont appelés à concourir.

Si un failli, avant sa faillite, vend ses marchandises à des tiers, et cependant les garde et en dispose comme de choses à lui appartenantes, les commissaires de la masse en font faire la vente.

Si un homme, dans l'intention de soutenir le crédit d'un failli, lui laisse ses marchandises en dépôt, et la faculté d'en disposer, la propriété de ces marchandises est considérée comme étant celle du failli, et non du propriétaire, qui perd son droit en punition de sa supercherie.

Un commissionnaire *(factor)* en faillite, quoique détenteur de la marchandise de son commettant, avec faculté de la vendre et d'en toucher le montant, n'est point considéré comme propriétaire : cette marchandise n'est point comprise dans sa masse,

quand

RÉDACTION du Projet de Code révisé.	OBSERVATIONS de la Chambre.	RÉDACTION proposée par la Chambre.

quand bien même le failli aurait été dans l'usage d'être *ducroire* des ventes qu'il faisait.

Les lettres de change ou marchandises envoyées à un négociant, *pour un usage particulier*, n'entrent point dans la masse, si elles se trouvent en la possession de ce négociant venant à faillir.

Si un négociant consigne des marchandises à un autre, et si avant leur arrivée, le consignataire fait faillite, ces marchandises n'accroissent point à la masse, si l'expéditeur réussit à empêcher qu'elles ne parviennent au failli.

A Amsterdam, il existe deux espèces de droits de réclamation, et de suite, 1.° de la part du vendeur; 2.° par le propriétaire étranger qui y a consigné des marchandises pour vendre en commission.

Le premier droit s'exerce sur les marchandises vendues au comptant et non payées, pendant quarante-deux jours après la livraison, par-tout où on les trouve, soit chez l'acheteur, soit chez un tiers, sans nul égard aux titres en vertu desquels ces personnes tierces les possèdent, sans restitution du prix qu'elles peuvent en avoir payé pour achat, ou de la somme pour laquelle elles auraient été mises en gage. Ce droit ne s'exerce que sur les marchandises sèches, et non liquides. Il s'étend encore sur les marchandises mêlées avec d'autres de même nature, c'est-à-dire, grains avec grains, cafés avec cafés : dans ce cas, la réclamation est admise au *prorata* de chaque objet mêlé : si le vendeur a fait arrêt dans les quarante-deux jours, ou s'il attaque l'acquéreur en justice dans ce délai, sa réclamation devient illimitée, et ne peut plus être périmée.

Le second droit de suite s'exerce contre le consignataire, et aussi contre tout possesseur, sauf leur droit acquis sur la marchandise : de sorte que, s'ils l'ont payée, la réclamation cesse ; s'ils en doivent le prix, elle s'opère sur ce prix ; et s'ils n'ont fait qu'anticiper sur la valeur, la somme qu'ils ont prêtée doit leur être remboursée en principal et intérêts.

Presque par-tout le principe des revendications est admis, et

Q

RÉDACTION du Projet de Code révisé.	OBSERVATIONS de la Chambre.	RÉDACTION proposée par la Chambre.
	varie dans son application ; mais le premier fait fournit d'autant moins un motif pour le consacrer en France, que, dans plusieurs pays, la restitution octroyée aux nationaux, est refusée aux étrangers, quoiqu'une semblable faveur dût être de droit commun et réciproque. On a paru craindre que l'abolition des revendications ne nuisît au crédit des manufactures; la Chambre n'a pas partagé cette opinion : pense-t-on jamais au droit de revendication, lorsque l'on traite ! On ne traiterait pas avec un homme dont on craindrait la faillite. En raisonnant sur les hypothèses les plus favorables au principe des revendications, la Chambre s'est aperçue que si on voulait établir quelques exceptions à la loi qui les rejettera, on ouvrirait une source abondante de difficultés, on créerait une hydre de chicane, non pour consacrer des droits légitimes, mais pour accorder des faveurs ; elle a vu qu'il n'était pas une exception de ce genre dont la mauvaise foi ne pût tirer parti, soit de la part du failli pour l'éluder, soit de la part du vendeur, pour se faire ranger dans le cas prévu par elle. Enfin, elle est demeurée convaincue qu'il n'est aucun cas où les créanciers d'un failli ne doivent supporter uniformément la perte résultant de cette espèce de naufrage. Telles sont d'ailleurs la clarté, la force logique des raisonnemens employés par les commissaires-rédacteurs, pour demander l'abolition des revendications, que la Chambre, désespérant de donner à ses motifs un développement plus complet, se réfère aux observations renfermées dans le discours préliminaire de la révision du Projet de code. Mais la rédaction de l'article a paru nécessiter un amendement. Lorsqu'il y a vente ou négociation d'un effet ou d'une marchandise, ce n'est plus à la chose elle-même que le vendeur a droit, mais au prix convenu ; et si elle était considérée comme gage de ce prix, au lieu de retourner au possesseur originaire, elle devrait être vendue, pour le produit lui en être appliqué, jusqu'à concurrence de sa créance ; et l'excédant, s'il y en avait, accroître à la masse.	

RÉDACTION du Projet de Code révisé.	OBSERVATIONS de la Chambre.	RÉDACTION proposée par la Chambre.

C'est lorsqu'il y a vente ou négociation, que le retrait ne doit pas avoir lieu; et tel n'est point le cas d'une marchandise consignée et vendue par un commissionnaire en son propre nom, tandis qu'elle aurait dû l'être au nom de son commettant. Il est de toute justice que ce dernier puisse réclamer et reçouvrer, dans quelques mains qu'elle se trouve, la propriété que par aucun acte il n'a aliénée.

352.

L'ouverture de la faillite rend exigibles les dettes non échues.

Le porteur d'un effet dont le payeur fait faillite, perd une garantie; cette garantie lui doit être remplacée, ou ses fonds doivent lui rentrer; mais cet événement ne lui donne aucun droit légitime à bénéficier de l'intérêt qui restait à courir jusqu'à l'échéance. Il est également injuste d'exiger de l'endosseur la perte de cet intérêt, ni même un paiement anticipé, s'il fournit une caution solvable.

11.

L'ouverture de la faillite rend exigibles, *à l'égard du failli,* les dettes non échues.

Le tireur et les endosseurs d'effets non échus, dont le payeur est en faillite, sont tenus de donner caution solvable au porteur, pour en assurer le paiement à leur échéance, ou d'en effectuer le remboursement.

Dans le cas du remboursement, celui qui l'effectue a droit de retenir l'intérêt du montant des effets au cours de la place, à dater du jour du remboursement jusqu'à celui de l'échéance.

355.

Conservé.

356.

La poursuite criminelle n'arrête point le cours des actes nécessaires pour opérer la liquidation, la vente et le recouvrement de l'actif du débiteur.

Correction d'ordre.

12.

La faillite donne lieu à une poursuite criminelle, s'il y a présomption de banqueroute.

13.

La poursuite criminelle n'arrête point le cours des actes nécessaires pour opérer *la vente, le recouvrement et la liquidation de l'actif du failli.*

TITRE II.

De la Forme de procéder dans les Faillites.

357.

Dans les vingt-quatre heures qui

Voyez les Observations préliminaires.

TITRE II.

De la Forme de procéder dans les Faillites.

14.

Dans les vingt-quatre heures

RÉDACTION du Projet de Code révisé.	OBSERVATIONS de la Chambre.	RÉDACTION proposée par la Chambre.

suivent la déclaration de faillite, le commissaire du Gouvernement près le tribunal de commerce, est tenu de faire apposer les scellés sur les magasins, meubles et effets du débiteur failli.

Dans les lieux où il n'y a pas de tribunal de commerce, l'apposition des scellés est faite, dans le même délai, par le juge de paix de l'arrondissement.

Le Conseil général de commerce, dans son Contre-Projet, a proposé, article 12, que les lettres qui arriveraient à l'adresse du failli, fussent consignées entre les mains du directeur de la poste.

Une telle disposition a paru, à la Chambre, dangereuse : ces lettres peuvent contenir des effets à recouvrer sur des négocians qui peuvent faillir à leur tour, pendant le temps qui s'écoulera jusqu'à la remise de ces lettres aux créanciers.

qui suivent la déclaration de faillite, le commissaire *aux faillites* est tenu de faire apposer les scellés sur les magasins, meubles et effets du débiteur failli.

Dans les lieux où il n'y a pas de tribunal de commerce, l'apposition des scellés est faite, dans le même délai, par le juge de paix de l'arrondissement.

362 *rapporté ici.*

Dès l'apposition des scellés, et suivant l'exigence des cas, le commissaire du Gouvernement peut requérir, et le tribunal de commerce accorder au débiteur sauf-conduit provisoire.

Le tribunal peut laisser à la disposition du débiteur ses livres, après les avoir fait clore, et en avoir fait constater l'état et le nombre.

Vide Observations préliminaires.

15.

Dès l'apposition des scellés, et suivant l'exigence des cas, le commissaire *aux faillites* peut requérir, et le tribunal de commerce accorder au failli sauf-conduit provisoire.

Le tribunal peut laisser à la disposition du débiteur ses livres, après les avoir fait clore et en avoir fait constater l'état et le nombre.

358.

Le commissaire du Gouvernement est tenu de requérir l'inscription aux hypothèques sur les immeubles des débiteurs du failli, si elle n'a été requise par ce dernier, et s'il a des titres hypothécaires.

Cette inscription est reçue sans aucune avance des droits d'inscription, ni des salaires du conservateur, sauf le recours contre le grevé.

Il est tenu de requérir l'inscription sur les immeubles du failli.

Cette dernière inscription est

Vide, quant au premier paragraphe, les Observations préliminaires.

Les articles 3 et 4 rendent inutiles les dispositions que renfermaient les trois derniers paragraphes du 358.ᵉ La Chambre propose, en conséquence, leur suppression.

16.

Le commissaire *aux faillites* est tenu de requérir l'inscription aux hypothèques, sur les immeubles des débiteurs du failli, si elle n'a été requise par ce dernier, et s'il a des titres hypothécaires.

Cette inscription est reçue sans aucune avance des droits d'inscription, ni du salaire du conservateur, sauf le recours contre le grevé.

RÉDACTION du Projet de Code révisé.	OBSERVATIONS de la Chambre.	RÉDACTION proposée par la Chambre.

reçue sur simples bordereaux, et sans titres authentiques.

Elle ne donne lieu au paiement d'aucune espèce de droits.

359.

Dans les trois jours qui suivent l'apposition des scellés, ou la remise du procès-verbal, et nonobstant toutes oppositions, il est procédé de suite, à la requête du commissaire du Gouvernement, en présence du failli et de trois créanciers,

Aux reconnaissance et levée des scellés, et à l'inventaire sommaire des marchandises, meubles et effets mobiliers du débiteur.

A défaut de comparution, en présence d'un juge ou d'un délégué du tribunal de commerce,

Cette formalité est remplie sans frais ni droits d'enregistrement.

Vide, quant au premier paragraphe, les Observations préliminaires.

Le Conseil général de commerce, dans son Contre-Projet, article 14, propose un inventaire absolu ; la perte de temps, les frais qu'il entraînerait, font regarder cette mesure comme inadmissible. Cet inventaire ne doit pas donner lieu à la perception de droits d'enregistrement, car ils seraient ruineux pour les créanciers, et il répugne de lever un impôt *sur des pertes.*

17.

Dans les trois jours qui suivent l'apposition des scellés, et nonobstant toutes oppositions, il est procédé de suite, à la requête du commissaire *aux faillites,* en présence du failli et de trois créanciers,

Aux reconnaissance et levée des scellés, et à l'inventaire sommaire des marchandises, meubles et effets mobiliers du débiteur.

A défaut de comparution *du failli et des créanciers,* en présence d'un juge ou d'un délégué du tribunal de commerce,

Cette formalité est remplie sans frais ni droits d'enregistrement.

360.

Pendant le cours de l'inventaire, ou après sa clôture, et suivant l'exigence des cas, le tribunal de commerce peut, sur la réquisition du commissaire du Gouvernement, et sur l'avis des créanciers appelés en vertu de l'article précédent, ordonner la vente des denrées, marchandises, et autres objets périssables.

Il peut commettre un individu pour recevoir les sommes provenant de la vente, et poursuivre le paiement des dettes exigibles.

Le Conseil général de commerce, dans son Contre-Projet, article 14, avait écarté la disposition qui autorise les créanciers à donner leur avis sur la vente des marchandises du failli. C'est leur propriété qu'il s'agit de conserver ; le tribunal n'est appelé à en délibérer, que pour sanctionner cette opération : il est donc très-naturel que le vœu des créanciers soit recueilli.

18.

Pendant le cours de l'inventaire, ou après sa clôture, et suivant l'exigence des cas, le tribunal de commerce peut, sur la réquisition du commissaire *aux faillites,* et sur l'avis des créanciers appelés en vertu de l'article précédent, ordonner la vente des denrées, marchandises, et autres objets périssables.

Il peut commettre un individu pour recevoir les sommes provenant de la vente, et poursuivre le paiement des dettes exigibles.

RÉDACTION du Projet de Code révisé.	OBSERVATIONS de la Chambre.	RÉDACTION proposée par la Chambre.
	Voyez, en outre, Observations préliminaires.	
361. Conservé.		**19.** Dans les dix jours qui suivent la clôture de l'inventaire, le débiteur failli est tenu de déposer au greffe du tribunal de commerce, un état de situation que l'on nomme bilan. Cet état doit être accompagné des livres et de l'acte de société, s'il y a société.
363. Conservé.		**20.** Le bilan doit contenir, L'énumération et l'évaluation de tous les effets mobiliers et immobiliers du débiteur, L'état des dettes actives et passives, Le tableau des pertes. Le bilan doit être affirmé véritable, daté et signé par le débiteur.
364. Dans les vingt-quatre heures qui suivent le dépôt du bilan, le débiteur failli est tenu, sous la surveillance du commissaire du Gouvernement, de convoquer les créanciers indiqués par le bilan. Cette convocation s'opère par un avertissement circulaire qui énonce le lieu, le jour et l'heure, indiqués par le commissaire du Gouvernement, pour la réunion des créanciers. Les créanciers absens peuvent se faire représenter par un porteur de pouvoirs. En cas d'empêchemens légitimes	*Vide* Observations préliminaires. La Chambre a regardé la rédaction de cet article, dans le Projet de code, comme préférable à celle proposée par le Conseil de commerce, article 20 de son Contre-Projet. Ce Conseil y a omis une disposition essentielle, pour éviter que la citation des créanciers ait lieu par des actes judiciaires, dont les frais sont en pure perte.	**21.** Dans les vingt-quatre heures qui suivent le dépôt du bilan, le débiteur failli est tenu, sous la surveillance du commissaire *aux faillites*, de convoquer les créanciers indiqués par le bilan. Cette convocation s'opère par un avertissement circulaire qui énonce le lieu, le jour et l'heure, indiqués par le commissaire *aux faillites*, pour la réunion des créanciers. Les créanciers absens peuvent se faire représenter par un porteur de pouvoirs. En cas d'empêchemens légi-

RÉDACTION du Projet de Code révisé.	OBSERVATIONS de la Chambre.	RÉDACTION proposée par la Chambre.
de la part du débiteur, la convocation est faite par le commissaire du Gouvernement.		times de la part du débiteur, la convocation est faite par le commissaire *aux faillites.*
365. Conservé.		**22.** Les pouvoirs sont donnés par acte public. Ils contiennent l'autorisation de représenter le créancier, D'élire domicile dans le lieu où siége le tribunal, De faire vérifier les titres de créance, D'affirmer, pour et au nom du créancier, la sincérité de la créance ; De consentir et signer, s'il y a lieu, toutes délibérations et transactions.
366. Au jour indiqué par l'avertissement, l'assemblée est tenue en présence du commissaire du Gouvernement. Il en fait dresser procès-verbal. Il fait vérifier, d'après l'indication du bilan, la qualité de ceux qui se présentent comme créanciers, et les pouvoirs de ceux qui représentent des créanciers absens. Il informe l'assemblée des mesures qui ont été prises, et des formalités qui ont été remplies. Il fait élire domicile par les créanciers non résidans dans le lieu où siége le tribunal. Le débiteur est admis dans l'assemblée; il ne peut s'y faire représenter que dans les cas d'empêche-	*Vide* Observations préliminaires. Léger amendement dans le premier paragraphe. Le commissaire aux faillites est président-né de l'assemblée des créanciers, jusqu'à ce qu'elle soit définitivement constituée, et les créances reconnues.	**23.** Au jour indiqué par l'avertissement, l'assemblée est tenue *par le commissaire aux faillites.* Il en fait dresser procès-verbal. Il fait vérifier, d'après l'indication du bilan, la qualité de ceux qui se présentent comme créanciers, et les pouvoirs de ceux qui représentent des créanciers absens. Il informe l'assemblée des mesures qui ont été prises, et des formalités qui ont été remplies. Il fait élire domicile par les créanciers non résidans dans le lieu où siége le tribunal. Le débiteur est admis dans l'assemblée; il ne peut s'y faire représenter que dans les cas

RÉDACTION du Projet de Code révisé.	OBSERVATIONS de la Chambre.	RÉDACTION proposée par la Chambre.
mens légitimes dûment constatés. Il peut présenter le tableau de sa situation, et des moyens de transiger.		d'empêchemens légitimes dûment constatés. Il peut présenter le tableau de sa situation, et des moyens de transiger.
ARTICLE ADDITIONNEL. L'assemblée, suivant l'exigence des cas, confirme, rétracte ou accorde un sauf-conduit au débiteur failli. Elle nomme, s'il y a lieu, des commissaires pour vérifier le bilan et les livres. Elle détermine les mesures provisoires que l'intérêt des créanciers peut exiger. Elle fixe le délai dans lequel chaque créancier, quels que soient la nature et le titre de sa créance, est tenu de la faire vérifier et de l'affirmer. Le commissaire du Gouvernement représente les créanciers absens. Les créanciers et les porteurs de pouvoirs, admis dans l'assemblée, signent le procès-verbal. En cas d'impuissance ou refus de signer, il en est fait mention.	*Vide* Observations préliminaires.	24. L'assemblée, suivant l'exigence des cas, confirme, rétracte ou accorde un sauf-conduit au débiteur failli. Elle nomme, s'il y a lieu, des commissaires pour vérifier le bilan et les livres. Elle détermine les mesures provisoires que l'intérêt des créanciers peut exiger. Elle fixe le délai dans lequel chaque créancier, quels que soient la nature et le titre de sa créance, est tenu de la faire vérifier et de l'affirmer. *Le commissaire aux faillites* représente les créanciers absens. Les créanciers et les porteurs de pouvoirs, admis dans l'assemblée, signent le procès-verbal. *S'ils ne peuvent ou s'ils refusent de signer*, il en est fait mention.
367. Conservé.		25. Les créanciers et les porteurs de pouvoirs présens à l'assemblée, sont tenus, sans qu'il soit besoin de citation, de se trouver aux lieu, jour et heure indiqués pour les vérifications et affirmations de créances.
368. Les créanciers indiqués par le	Léger amendement, dont les	26. Les créanciers indiqués par bilan,

RÉDACTION du Projet de Code révisé.	OBSERVATIONS de la Chambre.	RÉDACTION proposée par la Chambre.

bilan, qui n'ont pas comparu à l'assemblée, ou qui ne s'y sont pas fait représenter, sont cités, à la requête du commissaire du Gouvernement, pour faire vérifier leurs créances et les affirmer.

Les créanciers inconnus sont cités par cri public et par affiches aux portes de la bourse et du tribunal de commerce.

369.

Conservé.

370.

La vérification des créances est faite contradictoirement avec le commissaire du Gouvernement, par des commissaires nommés à cet effet par le tribunal de commerce, et en présence d'un juge qui reçoit l'affirmation.

Le procès-verbal de vérification énonce la représentation des titres de créances.

Il contient leur description sommaire.

Il mentionne les surcharges, ratures et entrelignes.

Il exprime que le créancier a affirmé ou fait affirmer par son porteur-de-pouvoirs :

---

motifs n'ont pas besoin d'être développés.

Quelques doutes se sont élevés sur l'utilité des affirmations ; mais la Chambre, sans se dissimuler l'insuffisance d'un tel frein contre la mauvaise foi, a cru néanmoins utile de conserver, dans la législation, une formalité qui repose sur des idées morales.

La vérification des créances est, pour les créanciers, d'un intérêt trop direct pour qu'ils ne soient pas appelés à concourir, au moins par leurs commissaires, à cette opération.

En faisant recevoir l'affirmation en même temps qu'on procède à la vérification, des lenteurs et des frais seront évités.

---

le bilan, qui n'ont pas comparu à l'assemblée, ou qui ne s'y sont pas fait représenter, sont cités, à la requête du commissaire *aux faillites*, pour faire vérifier leurs créances et les affirmer.

Les créanciers inconnus sont cités par cri public et par affiches aux portes de la bourse et du tribunal de commerce ; *et où il n'y a pas de tribunal de commerce, ni de tribunal civil, à la porte de la maison commune.*

27.

Tout créancier dont la créance est vérifiée et affirmée, peut assister aux vérifications et affirmations des autres créances.

Il peut fournir tous contredits qu'il juge convenables.

28.

La vérification des créances est faite *par le commissaire aux faillites, contradictoirement avec l'un des commissaires nommés par les créanciers pour la vérification du bilan*, et en présence d'un juge *du tribunal de commerce*, qui reçoit l'affirmation.

Le procès-verbal de vérification énonce la réprésentation des titres de créances.

Il contient leur description sommaire.

Il mentionne les surcharges, ratures et entrelignes.

Il exprime que le créancier a affirmé ou fait affirmer par son porteur de pouvoirs :

R

RÉDACTION du Projet de Code révisé.	OBSERVATIONS de la Chambre.	RÉDACTION proposée par la Chambre.
« Qu'il est légitime créancier » du montant de la somme par lui » réclamée ; « Qu'il ne prête son nom, ni » directement ni indirectement, au » débiteur failli. »		Qu'il est légitime créancier du montant de la somme par lui réclamée ; Qu'il ne prête son nom, ni directement ni indirectement, au débiteur failli.
371. Conservé.		29. Si la créance est admise, le juge signe sur chacun des titres la déclaration suivante : Admis au passif de la faillite de le
372. Conservé.		30. Si la créance est contestée en tout ou en partie, le juge peut ordonner la représentation des livres du créancier. Il peut ordonner le dépôt des titres de la créance au greffe du tribunal, et, sans qu'il soit besoin de citation, renvoyer à jour et heure fixes les parties devant le tribunal, pour être statué sur la contestation.
373. Conservé.		31. A l'expiration des délais fixés pour les vérifications et affirmations de créances, le juge accorde défaut contre ceux des créanciers qui n'ont pas comparu.
374. Conservé.		32. Le tribunal, sur la requête du commissaire *aux faillites*, fixe, par jugement, un nouveau délai pour les vérifications et affirmations de créances. Ce délai est déterminé d'après la distance du domicile de chaque créancier défaillant.

RÉDACTION du Projet de Code révisé.	OBSERVATIONS de la Chambre.	RÉDACTION proposée par la Chambre.
		Il est définitif et ne peut être renouvelé.
375. Le jugement qui fixe le nouveau délai, est signifié à chaque créancier défaillant, et à ses frais. L'affiche, aux portes de la bourse et du tribunal de commerce, vaut signification à l'égard des créanciers inconnus.	Addition analogue à l'amendement de l'article 368.	**33.** Le Jugement qui fixe le nouveau délai, est signifié à chaque créancier défaillant, et à ses frais. L'affiche aux portes de la bourse et du tribunal de commerce, *ou à défaut de tribunal, à la porte de la maison commune,* vaut signification à l'égard des créanciers inconnus.
376. A défaut de comparution dans le délai fixé par le jugement, les défaillans sont déclarés déchus de tous droits et actions sur les biens du débiteur failli. La voie de l'opposition est ouverte aux créanciers inconnus, jusqu'à la première distribution de deniers inclusivement.	Le Conseil général de commerce n'a point admis, dans son Contre-Projet, les dispositions de l'article 376. La Chambre également s'était déterminée à rejeter cet article, discuté pendant deux séances.	**34.** A défaut de comparution dans le délai fixé par le jugement, les défaillans sont déclarés déchus de tous droits et actions *contre les créanciers et les délégués chargés de leurs pouvoirs, à raison des distributions de deniers qui ont été faites.*

La déchéance prononcée à l'égard des créanciers non comparans, lui paraissait trop sévère. Il est fâcheux, sans doute, qu'un créancier de mauvaise humeur et entêté, retarde ou puisse même empêcher la liquidation des autres intéressés ; mais n'est-ce point assez (observait-on) que sa non-comparution le soumette à la décision prise, sans son concours, par les trois quarts des autres créanciers ! L'absence de ce créancier est-elle toujours l'effet de la mauvaise volonté ! Ne peut-elle pas être légitime, ou forcée ! Ne peut-il pas, sans qu'on le sache, être au-delà des mers ! Ne peut-on pas soustraire une citation ! Et un tel créancier perdrait tous ses droits ! Un tuteur ne peut-il pas négliger les intérêts de son pupille ! Et des mineurs ne pourraient se faire relever de cette déchéance !

Mais lorsque, passant à l'examen de l'article 381, la Chambre s'est retracé le tableau des suites ordinaires des contrats d'union ;

RÉDACTION du Projet de Code révisé.	OBSERVATIONS de la Chambre.	RÉDACTION proposée par la Chambre.

lorsque, après avoir infructueusement cherché les moyens de mettre les gérans des biens des faillis à l'abri des actes récursoires dont la crainte justifie la détention, presque éternelle, des fonds entre leurs mains, elle s'est convaincue de l'impossibilité de lever cette difficulté autrement que par la déchéance proposée ; elle a reconnu que le respect pour des droits inconnus, pour des réclamations éventuelles, ne devait pas s'étendre jusqu'à retarder, en leur faveur, la liquidation et le paiement de tous les autres créanciers.

En conséquence, revenant sur sa première résolution, elle s'est déterminée à admettre l'article 376, mais avec quelques modifications.

Dans la nouvelle rédaction qu'elle propose, les créanciers cités et non comparans, sont frappés de déchéance à l'égard des autres créanciers, en ce qui concerne les deniers qui ont pu leur être distribués ; mais cette disposition ne détruit point, à l'égard du débiteur failli, les droits du créancier, qui ne peuvent être éteints que par la prescription ordinaire.

Ceci, d'ailleurs, ne s'applique qu'aux créances non connues, puisque, par un autre article, les sommes revenant aux créanciers absens, pour créances reconnues, sont mises en dépôt à leurs périls et risques.

Une question s'est élevée : on a demandé si, privé, par la déchéance, de ses droits aux sommes distribuées, un créancier défaillant qui se présente tardivement, avait droit à prélever, sur les deniers restans, avant toute nouvelle répartition, une somme proportionnellement égale à celles touchées par les autres créanciers, ou s'il ne devait entrer dans le nouveau partage qu'au centime le franc de sa créance.

L'opinion de la Chambre a résolu la question en faveur du prélèvement à exercer sur les deniers restans, jusqu'à concurrence du *quantùm* réparti antérieurement aux autres créanciers.

377.
Conservé.

35.
Dans les trois jours qui suivent l'exécution des formalités prescrites par les articles précé-

RÉDACTION du Projet de Code révisé.	OBSERVATIONS de la Chambre.	RÉDACTION proposée par la Chambre.
		dens, les créanciers dont les créances ont été admises, sont convoqués par le débiteur failli, et, à son défaut, par le commissaire *aux faillites.*
378. L'assemblée est tenue dans la forme prescrite par l'article 366. Les commissaires rendent compte de l'exécution du mandat qui leur a été donné. L'assemblée délibère suivant l'exigence des cas.	Le troisième paragraphe, supprimé comme insignifiant.	**36.** L'assemblée est tenue dans la forme prescrite par l'article 23. Les commissaires rendent compte de l'exécution du mandat qui leur a été donné.
379. S'il intervient un traité entre les créanciers délibérans et le débiteur failli, le traité n'est obligatoire que par le concours d'un nombre de créanciers représentant, par leurs titres de créances *vérifiés*, les trois quarts de la totalité des sommes dues.	Dans l'article rédigé par les auteurs du Projet, le mot *vérifiées* était inutile, puisque nuls autres créanciers ne peuvent concourir au traité, que ceux dont les créances ont été vérifiées.	**37.** S'il intervient un traité entre les créanciers délibérans et le débiteur failli, le traité n'est obligatoire que par le concours d'un nombre de créanciers représentant, par leurs titres de créance, les trois quarts de la totalité des sommes *vérifiées.*

Mais, à la fin de ce même article, la Chambre a cru devoir substituer les expressions de *sommes vérifiées* à celles de *sommes dues*, par la raison que les créanciers cités qui n'ont pas comparu, ne doivent pas empêcher ni retarder la transaction.

| **380.**
L'homologation du traité par le tribunal de commerce, le rend exécutoire à l'égard de tous les créanciers, autres que les privilégiés et hypothécaires dont les titres de créances ont été vérifiés et admis. | On a supprimé, de l'article du Projet, ces mots : *dont les titres de créances ont été vérifiés et admis.*
Nulle formalité, nulle vérification ne sont nécessaires pour assurer | **38.**
L'homologation du traité par le tribunal de commerce, le rend exécutoire à l'égard de tous les créanciers, autres que les privilégiés et hypothécaires. |

rer aux créanciers privilégiés et hypothécaires l'exception que le droit civil leur garantit.

Entre cet article et le suivant, le Conseil général de commerce, dans son Contre-Projet, avait placé, sous le n.° 34, un article ainsi conçu :

RÉDACTION du Projet de Code révisé.	OBSERVATIONS de la Chambre.	RÉDACTION proposée par la Chambre.

« Le jugement d'homologation donne hypothèque sur les immeubles
» du failli, en faveur de tous les créanciers intéressés au concordat.
» Ladite hypothèque tiendra sur l'inscription qui sera collectivement
» prise, jusqu'à la pleine et entière exécution dudit concordat.

» Il sera délivré à chaque créancier intéressé au concordat, des enga-
» gemens causés pour dividendes, stipulés dans le concordat, et pour cha-
» cune des échéances auxquelles les paiemens doivent être effectués.

» Ces engagemens seront négociables ; ils produiront la contrainte
» par corps ; ils seront énoncés dans le concordat ; et en cas de se-
» conde faillite de la part du failli, ils seront payés par privilége, et de
» préférence à tous engagemens postérieurement contractés. »

Le premier paragraphe de cet article était inutile, puisque tout jugement, d'après le code civil, donne ouverture à une hypothèque.

Le second renferme une disposition qui doit être facultative : c'est aux créanciers traitans à faire, à cet égard, les arrange-mens qu'ils trouvent convenables.

Quant au troisième, les conditions d'un traité sont libres. Si les créanciers imposent celle-là, et si elle est notoirement connue, elle sera respectée. Mais ce n'est point à la loi à la prononcer pour eux.

381.

S'il n'intervient point de traité, les créanciers, à la majorité indi-viduelle de ceux présens à l'assem-blée, forment un contrat d'union, et ils nomment des syndics et un caissier chargé de recevoir les som-mes provenant de toute espèce de recouvrement.

382.

Les syndics représentent la masse des créanciers ;

Ils procèdent à la rectification du bilan ;

Ils poursuivent, en vertu du con-trat d'union, et sans autres titres authent'ques, la vente des immeu-bles du failli, celle de ses marchan-

---

Voyez les Observations à l'ar-ticle 376.

L'expérience n'a que trop ap-pris à quel point les contrats d'u-nion sont onéreux aux créanciers ; le recours en garantie personnelle, qui, dans la législation actuelle, peut être exercé à l'égard des syn-dics, autorise leur interminable lenteur à se dessaisir des fonds dont ils opèrent le recouvrement. Avant de s'être déterminée à adop-ter le principe de la déchéance des créanciers non comparans, que la

---

39.

S'il n'intervient point de trai-té, les créanciers, à la majorité individuelle de ceux présens à l'assemblée, nomment des *délé-gués* et un caissier chargés de leurs pouvoirs, et de recevoir les sommes provenant de toute espèce de recouvrement.

40.

Les *délégués* représentent la masse des créanciers.

En vertu *de leurs pouvoirs*, et sans autres titres authenti-ques, *ils procèdent, concurrem-ment avec le débiteur failli*, à la vente de ses immeubles, à celle de ses marchandises et effets

RÉDACTION du Projet de Code révisé.	OBSERVATIONS de la Chambre.	RÉDACTION proposée par la Chambre.

dises et effets mobiliers, et la liquidation de ses dettes actives et passives.

Chambre a conservé dans l'article 376 amendé, elle avait cherché les moyens de mettre les créanciers unis à l'abri de toutes poursuites ; et la première idée qui se présentait à elle, était de déclarer que la liquidation des affaires du failli, lorsqu'il n'interviendrait pas de traité, aurait lieu par les créanciers ou leurs représentans, au nom et pour le compte personnel de ce même failli, en sorte qu'il demeurât propriétaire ; que, si les recouvremens donnaient de l'excédant, cet excédant lui fût remis, et que, dans le cas contraire, les créanciers inconnus et défaillans qui, par suite, produiraient des titres authentiques, n'eussent d'action que contre le failli, et non contre les créanciers ni leurs commissaires.

Cette idée en a fait naître une autre, celle d'assimiler le failli aux insensés et aux mineurs, et de lui faire donner, par le tribunal de commerce, un curateur qui opérât pour son compte.

Mais, dans l'une et l'autre hypothèse, la Chambre n'a pas cru que les principes du droit civil pussent se prêter aux conséquences des dispositions nouvelles qui lui étaient proposées ; que le failli pût être à-la-fois dépouillé de la gestion de ses biens, et demeurer responsable des actes de cette gestion auxquels il serait étranger.

Néanmoins, sans forcer la conséquence de l'institution d'un curateur, qu'elle soumet aux lumières du Gouvernement, il lui a paru utile d'écarter du Projet de Code les termes du contrat d'union et de syndics, qui, rappelant les anciennes idées, pourraient donner lieu à des procès et à des prétentions contraires aux dispositions nouvelles de l'article 376. Elle a vu aussi quelque avantage à ce qu'une partie publique intervînt d'office pour le compte du failli absent ou récalcitrant, à la liquidation de ses affaires.

Elle a, en conséquence, modifié, comme on le voit ci-contre, les articles 381 et 382, et y en a ajouté un nouveau, se référant du tout à l'examen ultérieur auquel ce travail doit être soumis.

mobiliers, et à la liquidation de ses dettes actives et passives.

41.

En cas d'empêchement légitime, de la part du débiteur, de concourir aux ventes et à la liquidation ci-dessus mentionnées, et sur la demande des délégués, fondés de pouvoirs par les créanciers, le tribunal de commerce nomme un curateur qui représente le failli.

RÉDACTION du Projet de Code révisé.	OBSERVATIONS de la Chambre.	RÉDACTION proposée par la Chambre.

383.

La vente des immeubles peut être faite devant notaire, après trois affiches et trois procès-verbaux de réception d'enchères.

Le délai entre chaque procès-verbal de réception d'enchères, ne peut être moindre de quinze jours francs.

Les affiches sont notifiées au débiteur failli.

OBSERVATIONS

L'insertion dans le premier paragraphe, de ces mots : *à la requête du curateur*, est une conséquence de l'article additionnel qui précède ; elle sert d'ailleurs à exprimer ce qui n'était point assez expliqué, c'est-à-dire, que l'article 383 ne s'applique qu'au cas où il n'intervient pas de traité, puisque, dans le cas contraire, la vente des immeubles se fait à l'amiable par le failli.

L'intervention du curateur rend également inutile la notification des affiches au failli.

42.

La vente des immeubles peut, *à la requête du curateur*, être faite devant notaire, après trois affiches et trois procès-verbaux de réception d'enchères.

Le délai entre chaque procès-verbal de réception d'enchères, ne peut être de moins de quinze jours.

384.

Les syndics délèguent, sur le prix de la vente, les sommes dues aux créanciers privilégiés et hypothécaires, suivant leur ordre de privilége et d'hypothèque.

Le surplus du prix est remis au caissier de la masse.

Voyez les articles 381 et suivans.

43.

Le curateur et les délégués répartissent, sur le prix de la vente, les sommes dues aux créanciers privilégiés et hypothécaires, suivant leur ordre de privilége et d'hypothèque.

Le surplus du prix est remis au caissier de la masse.

385.

La vente des marchandises et effets mobiliers, est faite dans les formes déterminées par le contrat d'union.

Les produits de la vente mobilière, et de la liquidation des dettes actives, sont versés dans les mains du caissier.

Vide suprà, article 381.

44.

La vente des marchandises et effets mobiliers, est faite dans les formes déterminées par *l'assemblée des créanciers*.

Les produits de la vente mobilière et de la liquidation des dettes actives, sont versés dans les mains du caissier.

386.

Les syndics établissent l'ordre des créanciers.

Ils font payer par préférence à

Ut suprà.

Voyez aussi les observations qui précèdent, sur les articles 376 et 381 ; elles motivent le qua-

45.

Le curateur et les délégués établissent l'ordre des créanciers.

Ils font payer, par préférence

tous

RÉDACTION du Projet de Code révisé.	OBSERVATIONS de la Chambre.	RÉDACTION proposée par la Chambre.

tous autres, les créanciers privilégiés sur les meubles.

Ils distribuent au marc le franc, entre les créanciers non privilégiés, le surplus du produit des recouvremens.

trième paragraphe, ajouté à cet article, pour accélérer les liquidations.

à tous autres, les créanciers privilégiés sur les meubles.

Ils distribuent *proportionnellement*, entre les créanciers non privilégiés, le surplus du produit des recouvremens.

Les sommes à répartir aux créanciers défaillans, sont mises en dépôt à leurs périls et risques.

387.
Conservé.

46.
Le créancier porteur d'engagement solidaire dont les co-obligés sont en faillite, participe aux distributions dans toutes les masses, pour la totalité de sa créance, jusqu'à son parfait et entier paiement.

ARTICLE ADDITIONNEL.

Nul paiement n'est fait que sur la représentation du titre constitutif de la créance.

Le titre peut être unique, et il est une foule de cas où il y a impossibilité de représenter l'original.

47.
Nul paiement n'est fait que sur la représentation du titre constitutif de la créance, *ou d'une expédition en forme de ce titre.*

Le caissier mentionne sur le titre, le paiement qu'il effectue.
Le créancier donne quittance en marge de l'ordre.

Le caissier mentionne sur le titre le paiement qu'il effectue.
Le créancier donne quittance en marge de l'ordre.

TITRE III.
De la Cession de biens.

TITRE III.
De la Cession de biens.

388.
La cession de biens est volontaire ou judiciaire.

(Supprimé.)

48.
Aucune cession de biens judiciaire, n'est admise en fait de commerce.

389.
Les effets de la cession volontaire, se déterminent par les conventions des parties.

(Supprimé.)

Si les banqueroutes ont fait scandale, si l'on a vu avec surprise l'étonnante facilité des créanciers à admettre, de la part de certains faillis, les propositions telles quelles qu'ils voulaient bien leur offrir, il faut l'attribuer en grande partie à l'état actuel de la législa-

RÉDACTION du Projet de Code révisé.	OBSERVATIONS de la Chambre.	RÉDACTION proposée par la Chambre.

390.

La cession judiciaire n'a d'autres effets que de soustraire le débiteur à la contrainte par corps pour raison de ses dettes commerciales.

La cession judiciaire n'éteint point l'action des créanciers sur les biens que le débiteur peut acquérir postérieurement.

(Supprimé.)

391.

Pour être admis au bénéfice de la cession,

Le débiteur cite les créanciers devant le tribunal de commerce.

Il est présent à l'audience, et affirme qu'il n'a rien distrait au préjudice des créanciers.

(Supprimé.)

392.

Nul n'est admis au bénéfice de la cession, s'il ne justifie qu'il a rempli toutes les formalités prescrites par les articles 345, 361 et 362.

(Supprimé.).

tion sur les cessions de biens, à la facilité avec laquelle les requêtes en cession étaient admises dans les tribunaux, civils de la part d'hommes qui avaient su s'assurer des moyens d'existence, et qu'on voyait, après leur mise en liberté, reparaître le front haut, et même recommencer les affaires.

La Chambre n'a vu dans la cession de biens judiciaire, qu'un moyen de soustraire le débiteur de mauvaise foi aux justes poursuites de ses créanciers ; elle a consulté l'expérience, qui prouve que si, dans le nombre, il se trouve quelques créanciers aigris par le sentiment de leurs pertes, la majorité, qui fait loi, est toujours portée à l'indulgence.

Elle a pensé que la cession volontaire serait toujours admise, quand elle serait légitime, et n'a pas craint que des créanciers retinssent un failli dans les fers, à leurs frais et dépens, lorsqu'ils n'auraient pas la conviction qu'il leur dérobe une partie de ses moyens.

En conséquence, elle propose le rejet du titre III entier, et y substitue l'article unique de l'autre part.

TITRE IV.

De la Réhabilitation.

393.

Tout commerçant qui a fait faillite ou cession de biens, peut être réhabilité, s'il représente devant le tribunal de commerce les titres acquittés, ou les quittances

Vide suprà.

TITRE IV.

De la Réhabilitation.

49.

Tout commerçant qui a fait faillite, peut être réhabilité, s'il représente devant le tribunal de commerce les titres acquittés, ou les quittances de

RÉDACTION du Projet de Code révisé.	OBSERVATIONS de la Chambre.	RÉDACTION proposée par la Chambre.
de la totalité des sommes dues en principal, intérêts et frais.		la totalité des sommes dues en principal, intérêts et frais.
394. La demande en réhabilitation et les pièces, sont communiquées au commissaire du Gouvernement. Le tribunal, après l'avoir entendu, admet ou rejette la demande en réhabilitation.	*Vide* Observations préliminaires.	**50.** La demande en réhabilitation et les pièces, sont communiquées au *commissaire aux faillites.* Le tribunal, *sur son rapport,* admet ou rejette la demande en réhabilitation.
395. Conservé.		**51.** Si la demande est admise, le nom du réhabilité est rayé du tableau des faillis. Il est réintégré dans l'exercice de ses droits; Il est autorisé à faire afficher le jugement qui le réhabilite.
TITRE V. *De la Présomption de Banqueroute.* **396.** Conservé.		**TITRE V.** *De la Présomption de banqueroute.* **52.** Il y a présomption de banqueroute, Si le débiteur qui a cessé ou suspendu ses paiemens, n'a pas fait la déclaration prescrite par l'article 1.er du livre troisième; Si le débiteur, ayant fait la déclaration, n'a pas déposé son bilan et ses livres de commerce; S'il n'a pas tenu un livre-journal, et fait inventaire dans les formes et délais prescrits par l'art. 4 du livre premier. Si ayant une société de commerce, il ne s'est pas conformé aux art. 23 et 24 du livre Ier
397. Dans les cas prévus par l'article précédent, le commissaire du Gou-	A faire statuer le tribunal de	**53.** Dans les cas prévus par l'article précédent, *le commissaire*

RÉDACTION du Projet de Code révisé.	OBSERVATIONS de la Chambre.	RÉDACTION proposée par la Chambre.

vernement près le tribunal de commerce est tenu de dénoncer les faits au commissaire du Gouvernement près le tribunal criminel.

commerce sur le renvoi au criminel, la Chambre aperçoit un double avantage : d'une part, cette disposition met le failli à l'abri

aux faillites est tenu de communiquer les faits au tribunal de commerce, qui prononce s'il y a lieu de renvoyer au commissaire du Gouvernement près le tribunal criminel.

d'une dénonciation au criminel, faite trop légèrement ; de l'autre, l'obligation imposée au commissaire aux faillites, de rendre compte de ce qu'il a vu, au tribunal de commerce, qui seul dénonce, ménage la répugnance que le commissaire pourrait avoir à se porter accusateur au criminel.

Quelques membres, dans cette vue, auraient voulu même qu'un rapport au tribunal de commerce fût obligatoire, de la part des commissaires, dans toutes les faillites.

398.

A défaut de dénonciation de la part du commissaire du Gouvernement près le tribunal de commerce, et en cas d'inaction de la part du commissaire du Gouvernement près le tribunal criminel, tout créancier peut porter plainte pour fait de banqueroute.

Les deux premières lignes exigeaient un amendement ; en conséquence de l'article ci-dessus, elles étaient inutiles, et ont été supprimées.

54.

En cas d'inaction de la part du commissaire du Gouvernement près le tribunal criminel, tout créancier peut porter plainte pour fait de banqueroute.

399.
Conservé.

55.

Si le prévenu est mis en jugement, les actes pour opérer la liquidation, la vente et le recouvrement de l'actif du débiteur, sont faits et continués devant le tribunal de commerce.

Les frais de l'instruction de la poursuite criminelle et du jugement de l'accusé, ne sont point à la charge des biens laissés par le débiteur à ses créanciers.

TITRE VI.

De la Forme de procéder pour les intérêts civils des créanciers, dans le cas de poursuite criminelle pour fait de banqueroute.

400.

A défaut de déclaration de fail-

Ce titre presque entier est la

56.

A défaut de déclaration de

RÉDACTION du Projet de Code révisé.	**OBSERVATIONS** de la Chambre.	**RÉDACTION** proposée par la Chambre.

lite, dans le délai fixé par l'art. 345, et sur la notoriété publique, ou sur la demande de trois créanciers porteurs de titres protestés faute de paiement, ou de jugement de condamnation pour dettes commerciales,

Le commissaire du Gouvernement près le tribunal de commerce, ou le maire ou adjoint, dans les lieux où il n'y a pas de tribunal de commerce, sont tenus de se conformer aux dispositions de l'art. 357.

401.

Dans les vingt-quatre heures qui suivent l'apposition des scellés ou la remise du procès-verbal, le commissaire du Gouvernement près le tribunal de commerce, est tenu de faire la dénonciation prescrite par l'article 397.

(Supprimé.)

402.

Si, à l'époque de la mise en jugement de l'accusé, il n'a pas été pris d'autres mesures conservatoires que celles de l'apposition des scellés,

Le commissaire du Gouvernement près le tribunal de commerce, est tenu de faire procéder à la levée des scellés apposés sur les magasins, meubles et effets du débiteur, et à l'inventaire, dans les formes et délais prescrits par les art. 359 et 360.

(Supprimé.)

---

répétition des dispositions relatives à la forme de procéder dans les faillites, appliquées au cas de poursuite criminelle.

Cette répétition a paru inutile, et la Chambre, supprimant la division du titre VIe, ajoute simplement au Ve les articles ci-après conservés, avec quelques amendemens.

Vide Observations préliminaires.

Vide aussi article 345.

Vide suprà.

---

faillite, dans le délai fixé par l'article 1.er du livre IIIe, et sur la notoriété publique, ou sur la demande de trois créanciers porteurs d'engagemens protestés faute de paiement, ou de jugement de condamnation pour dettes commerciales,

Le commissaire aux faillites, ou le juge de paix de l'arrondissement, dans les lieux où il n'y a pas de tribunal de commerce, sont tenus d'apposer les scellés, conformément à l'article 14 du livre IIIe, et d'en faire la déclaration au tribunal de commerce, dans les vingt-quatre heures.

57.

Dans tous les cas de présomption de banqueroute, ou de poursuite criminelle, les procédures civiles sont suivies conformément aux règles établies par le titre II du livre troisième, et notamment par les articles 16, 17, &c.

RÉDACTION du Projet de Code révisé.	OBSERVATIONS de la Chambre.	RÉDACTION proposée par la Chambre.
403. Dans les vingt-quatre heures qui suivent la clôture de l'inventaire, le commissaire du Gouvernement près le tribunal de commerce, est tenu de faire citer les créanciers de l'accusé pour les vérifications et affirmations de créances. La citation est faite, Aux créanciers connus, à leurs personnes ou à leurs domiciles ; Aux créanciers inconnus, par cri public et par affiches aux portes Du tribunal criminel, Du tribunal de commerce, De la bourse, Du domicile de l'accusé. *(Supprimé.)* **404.** La citation, le cri public et les affiches indiquent le lieu, les jours, les heures, le délai pendant lequel il sera procédé aux vérifications et affirmations de créances. Ils contiennent sommation aux créanciers de se présenter, ou de se faire représenter par un porteur de pouvoirs. *(Supprimé.)* **405.** Les pouvoirs doivent être donnés dans la forme prescrite par l'article 365. *(Supprimé.)* **406.** Tout créancier dont la créance est vérifiée et affirmée, peut assister aux vérifications et affirmations des autres créances, et fournir tous contredits. *(Supprimé.)*		

RÉDACTION du Projet de Code révisé.	OBSERVATIONS de la Chambre.	RÉDACTION proposée par la Chambre.
407. La vérification des créances est faite dans la forme prescrite par les articles 370, 371 et 372. Chaque créancier ou porteur de pouvoirs, est tenu de faire élection d'un domicile dans le lieu où siége le tribunal de commerce. Cette élection est mentionnée dans le procès-verbal. *(Supprimé.)* **408.** A l'expiration des délais fixés pour les vérifications et affirmations de créances, le juge accorde défaut contre ceux des créanciers qui n'ont pas comparu. *(Supprimé.)* **409.** Conformément à l'article 374, le tribunal de commerce fixe un nouveau délai. *(Supprimé.)* **410.** Le jugement qui fixe le nouveau délai, est signifié et notifié dans la forme prescrite par les articles 403 et 404. *(Supprimé.)* **411.** A défaut de comparution dans le délai prescrit par le jugement, les défaillans sont déclarés déchus de tous droits et actions sur les biens de l'accusé. La voie de l'opposition est ouverte aux créanciers inconnus, jusqu'à la première distribution des deniers inclusivement. *(Supprimé.)* **412.** Dans les trois jours qui suivent		

RÉDACTION du Projet de Code révisé.	OBSERVATIONS de la Chambre.	RÉDACTION proposée par la Chambre.
l'exécution des formalités prescrites par les articles précédens, le commissaire du Gouvernement convoque ceux des créanciers dont les créances ont été admises. La convocation est faite par citation aux domiciles indiqués ou élus au procès-verbal de vérifications et affirmations de créances. Les citations désignent les lieu, jour et heure auxquels les créanciers doivent se réunir. *(Supprimé.)* 413. L'assemblée est tenue en présence du commissaire du Gouvernement. Il en fait dresser procès-verbal. Il informe l'assemblée des mesures qui ont été prises et des formalités qui ont été remplies. Il représente les créanciers absens. *(Supprimé.)* ARTICLE ADDITIONNEL. L'assemblée, à la majorité individuelle des créanciers présens, nomme des syndics, à l'effet de procéder, avec le commissaire du Gouvernement, à la rédaction du bilan de l'accusé. Elle autorise, s'il y a lieu, les syndics à intervenir à fins civiles dans la procédure criminelle contre les auteurs, fauteurs et complices de la banqueroute. Elle nomme un caissier chargé de recevoir les sommes provenant de toute espèce de recouvremens. *(Supprimé.)* 414. Le commissaire du Gouvernement près le tribunal de commerce, peut requérir le commissaire du	*Vide* Observations préliminaires.	58. Le commissaire *aux faillites* peut requérir le commissaire du Gouvernement près le tribunal Gouvernement

RÉDACTION du Projet de Code révisé.	OBSERVATIONS de la Chambre.	RÉDACTION proposée par la Chambre.
Gouvernement près le tribunal criminel, de faire ordonner que l'accusé sera présent à la rédaction du bilan, pour fournir les renseignemens nécessaires.		criminel, de faire ordonner que l'accusé sera présent à la rédaction du bilan, pour fournir les renseignemens nécessaires.

Colonne RÉDACTION du Projet de Code révisé.

415.
Conservé.

416.
Conservé.

417.
Si le prévenu est condamné, les créanciers procèdent, par leurs syndics, en conformité des articles 381, 382, 383, 384, 385, 386 et 387.

TITRE VII.
De la Banqueroute,
418.
Conservé.

419.
Conservé.

Colonne OBSERVATIONS de la Chambre.

Vide suprà, article 381.

Colonne RÉDACTION proposée par la Chambre.

59.
Pendant le cours de la procédure criminelle, il ne peut intervenir de traité entre l'accusé et les créanciers.

60.
Si le prévenu est renvoyé de l'accusation, il peut être admis à traiter avec ses créanciers, conformément aux articles 36, 37 et 38 du livre troisième.

61.
Si le prévenu est condamné, les créanciers procèdent, par *leurs délégués,* conformément aux articles 39 et suivans du même livre.

TITRE VI.
De la Banqueroute.
62.
Il y a crime de banqueroute,
Si le débiteur failli est convaincu d'avoir diverti une partie de son actif, ou d'avoir dissimulé l'état de sa situation,
Soit par la supposition de fausses créances,
Soit par l'altération ou suppression de ses livres de commerce,
Soit par toutes autres voies frauduleuses.

63.
Sont complices du crime de banqueroute,

T

RÉDACTION du Projet de Code révisé.	OBSERVATIONS de la Chambre.	RÉDACTION proposée par la Chambre.
		Ceux qui sont convaincus de l'avoir aidée ou favorisée, directement ou indirectement, par supposition de créances, par recèlement ou enlèvement de marchandises et effets, et par toutes autres voies frauduleuses.
420. Conservé.		**64.** Le code pénal détermine les formes de la procédure et les peines qui sont applicables aux banqueroutiers, leurs complices, fauteurs et adhérens.
421. Conservé.		**65.** Indépendamment des peines prononcées par le code pénal, le banqueroutier, ses complices, fauteurs et adhérens, sont solidairement responsables de la totalité des sommes dues par le banqueroutier.
54 rapporté ici. Conservé.		**66.** Les noms des faillis et ceux des banqueroutiers, sont inscrits sur un tableau placé dans l'intérieur de la bourse, et dans la salle d'audience du tribunal de commerce.
TITRE VIII. *Tribunaux de commerce.* 422. Conservé.		**TITRE VII.** *Tribunaux de commerce.* **67.** Toutes contestations pour faits de commerce, sont jugées par des tribunaux spéciaux. Ces tribunaux sont qualifiés tribunaux de commerce.
423. Conservé.		**68.** Il y a deux degrés de juridiction.

RÉDACTION du Projet de Code révisé.	OBSERVATIONS de la Chambre.	RÉDACTION proposée par la Chambre.
TITRE IX. *Des Tribunaux de première Instance.*		**TITRE VIII.** *Des Tribunaux de première instance.*
424. Conservé.		**69.** Le Gouvernement détermine le nombre des tribunaux, les lieux dans lesquels ils doivent être établis, et leurs arrondissemens.
425. Il y a, dans chaque tribunal de commerce de première instance, un juge-président, quatre juges et quatre suppléans.	*Vide* Observations préliminaires.	**70.** Il y a, dans chaque tribunal de commerce de première instance, un juge-président, quatre juges, quatre suppléans, *et deux commissaires aux faillites.* *Dans les villes dont la population excède cinquante mille ames, les commissaires aux faillites sont au nombre de quatre.*
426. Le président, les juges et suppléans, sont élus et nommés par les notables commerçans, domiciliés et résidans dans l'arrondissement.	*Ut suprà.*	**71.** Le président, les juges, les suppléans *et les commissaires aux faillites*, sont élus et nommés par les notables commerçans, domiciliés et résidans dans l'arrondissement.
427. Conservé.		**72.** Les notables commerçans sont convoqués par le tribunal de commerce. Leur nombre ne peut être au-dessous de trente, dans les lieux dont la population n'excède pas quinze mille ames. Il ne peut être au-dessous de soixante, dans les lieux dont la population excède quinze mille ames.

RÉDACTION du Projet de Code révisé.	OBSERVATIONS de la Chambre.	RÉDACTION proposée par la Chambre.
428. Tout commerçant peut être élu président, juge ou suppléant, S'il est âgé de trente ans, S'il a exercé le commerce pendant cinq ans, S'il est domicilié dans l'arrondissement du tribunal.	*Ut suprà.*	**73.** Tout commerçant peut être élu président, juge, suppléant, ou *commissaire aux faillites*, S'il est âgé de trente ans, S'il a exercé le commerce pendant cinq ans, S'il est domicilié dans l'arrondissement du tribunal.
429. A la première élection, les commerçans nommeront : Un président, deux juges et deux suppléans, dont les fonctions dureront deux ans ; Deux juges et deux suppléans, dont les fonctions dureront un an.	*Ut suprà.*	**74.** A la première élection, les commerçans nommeront : Un président, deux juges, deux suppléans *et un commissaire aux faillites*, dont les fonctions dureront deux ans ; Deux juges, deux suppléans, *et un commissaire aux faillites*, dont les fonctions dureront un an. *Dans les villes où il y aura quatre commissaires aux faillites, deux seront nommés pour un an, et deux autres pour deux ans.*
430. Conservé.		**75.** Aux élections postérieures, les nominations seront pour deux ans.
431. Le président, les juges et suppléans, peuvent être réélus.	*Vide suprà.*	**76.** Le président, les juges, les suppléans *et les commissaires aux faillites*, peuvent être réélus.
432. Il y a, près de chaque tribunal, Un commissaire du Gouvernement, Un greffier et des huissiers nommés par le Gouvernement.	*Vide suprà.*	**77.** Il y a, près de chaque tribunal, un greffier et des huissiers nommés par le Gouvernement.
433. Conservé.		**78.** Les jugemens ne peuvent être rendus par moins de trois juges.

RÉDACTION du Projet de Code révisé.	OBSERVATIONS de la Chambre.	RÉDACTION proposée par la Chambre.
434. Conservé.		79. L'ordre du service est réglé par le tribunal, sous l'autorisation du Gouvernement.
435. Conservé.		80. Le Gouvernement désigne les lieux dans lesquels le tribunal de commerce sera divisé en deux sections. Chaque section sera composée d'un président, quatre juges et quatre suppléans.
436. Conservé.		81. Le Gouvernement désigne les tribunaux près desquels il sera établi des gardes du commerce, pour l'exécution de la contrainte par corps. Il détermine la forme de leur organisation, et leurs attributions.
437. *Des Commissaires du Gouvernement.* Le commissaire du Gouvernement est entendu dans toutes les causes concernant la compétence du tribunal, les faillites et les absens. Il fait les réquisitions nécessaires pour la police intérieure du tribunal, et pour l'exécution des lois. En cas d'absence, maladie, ou autres empêchemens, il est remplacé par l'un des juges ou suppléans du tribunal. *(Supprimé.)*	*Vide* Observations préliminaires.	
438. Conservé.		82. Les droits, vacations et devoirs des greffiers et des huis-

RÉDACTION du Projet de Code révisé.	OBSERVATIONS de la Chambre.	REDACTION proposée par la Chambre.
		siers, sont fixés par un reglement particulier.
TITRE X. *Des Tribunaux d'appel.* 439 et 441 réunis. Conservés.		**TITRE IX.** *Des Tribunaux d'appel.* 83. Il y a, dans chaque tribunal d'appel, une section de commerce composée de cinq juges pris parmi ceux du tribunal d'appel, et de quatre juges choisis parmi les anciens commerçans ayant exercé les fonctions de juges dans un tribunal de commerce.
440. Conservé.		84. La section de commerce du tribunal d'appel connait des appellations des jugemens des tribunaux de commerce.
442. Conservé.		85. Les juges choisis parmi les anciens commerçans, sont nommés à vie; Ils jouissent des mêmes prérogatives et traitemens que les juges du tribunal d'appel.
443. Conservé.		86. Le vice-président de la section de commerce est choisi parmi les juges du tribunal d'appel.
444. Conservé.		87. Le commissaire du Gouvernement, le greffier et les huissiers près le tribunal d'appel, exercent leurs fonctions près la section du commerce.

RÉDACTION du Projet de Code révisé.	OBSERVATIONS de la Chambre.	RÉDACTION proposée par la Chambre.
445. Conservé.		88. Les jugemens ne peuvent être rendus par moins de sept juges.
446. Conservé.		89. L'ordre du service est réglé par le tribunal d'appel, sous l'autorisation du Gouvernement.
TITRE XI. *De la compétence des Tribunaux de commerce.*		**TITRE X.** *De la Compétence des Tribunaux de commerce.*
447. La compétence des tribunaux de commerce se détermine par le fait qui donne lieu à contestation. Ils connaissent de toutes les transactions commerciales contractées verbalement, par actes privés, par actes publics, par lettre-de-change, billets à ordre et à domicile;	*Vide suprà*, titre III, de la Cession de biens, article 388, les motifs de la suppression du paragraphe quatrième de l'article ci-contre.	90. La compétence des tribunaux de commerce se détermine par le fait qui donne lieu à contestation. Ils connaissent de toutes les transactions commerciales contractées verbalement, par actes privés, par actes publics, par lettres-de-change, billets à ordre et à domicile; *De toutes les transactions maritimes,*
De toutes actions contre les agens de change et courtiers, à raison de leur ministère; Des demandes en admission à la cession de biens, formées incidemment à une faillite; Des demandes en réhabilitation; Des demandes en homologation de traité entre le débiteur et ses créanciers; Des vérifications d'écritures contestées, jusqu'à inscription de faux inclusivement; Des contestations qui s'élèvent pour emprisonnemens faits en exécution de leurs jugemens.		De toutes les actions contre les agens de change et courtiers, à raison de leur ministère; Des demandes en réhabilitation; Des demandes en homologation de traité entre le débiteur et ses créanciers; Des vérifications d'écritures contestées, jusqu'à inscription de faux inclusivement; Des contestations qui s'élèvent pour emprisonnemens faits en exécution de leurs jugemens.

RÉDACTION du Projet de Code révisé.	OBSERVATIONS de la Chambre.	RÉDACTION proposée par la Chambre.
Ils rendent exécutoires les sentences arbitrales déposées en minute dans leur greffes.		Ils rendent exécutoires les sentences arbitrales déposées en minutes dans leurs greffes.
		Ils peuvent ordonner la mise en liberté de tout navire saisi, même par autorité publique, dans tous les cas qui ne peuvent entraîner confiscation, à la charge par les propriétaires et armateurs de donner caution valable pour le montant de l'objet en contestation.
ARTICLE ADDITIONNEL. Conservé.		**91.** Ne sont pas de la compétence des tribunaux de commerce, Les actions intentées contre un propriétaire, cultivateur ou vigneron, pour vente de denrées provenant de leur crû; Les actions intentées contre un commerçant, pour paiement de denrées et marchandises achetées pour son usage particulier.
448. Conservé.		**92.** Les tribunaux de commerce jugent en dernier ressort, 1.° Toutes les demandes dont l'objet n'excède pas la valeur de mille francs; 2.° Toutes celles sur lesquelles les parties ont déclaré vouloir être jugées définitivement et sans appel.
TITRE XII. *De la Forme de procéder devant les Tribunaux de première instance.* **449.** Conservé.		**TITRE XI.** *De la Forme de procéder devant les Tribunaux de première instance.* **93.** Toute demande doit être 450.

RÉDACTION du Projet de Code révisé.	OBSERVATIONS de la Chambre.	RÉDACTION proposée par la Chambre.
		formée par un exploit de citation.
450. Conservé.		**94.** Le demandeur peut, à son choix, citer, 1.° Devant le tribunal de commerce dans l'arrondissement duquel le défendeur réside ; 2.° Devant le tribunal dans l'arrondissement duquel la livraison de la marchandise a été faite, et l'engagement souscrit ; 3.° Devant le tribunal dans l'arrondissement duquel le paiement devait être effectué.
451. Conservé.		**95.** La citation doit contenir l'objet de la demande, les conclusions du demandeur, et la copie des titres et pièces dont il entend se servir. Elle doit indiquer le jour et l'heure auxquels le défendeur doit comparaître. Les titres et pièces ne sont point assujettis au droit d'enregistrement. Ce droit n'est perçu que sur le montant des condamnations prononcées par le jugement.
452. Conservé.		**96.** Le délai pour comparaître sur la citation, ne peut être moindre de vingt-quatre heures, si le défendeur est domicilié dans le lieu où siége le tribunal. Il est de trois jours francs, si le défendeur demeure hors du

RÉDACTION du Projet de Code révisé.	OBSERVATIONS de la Chambre.	RÉDACTION proposée par la Chambre.
		lieu où siége le tribunal de commerce, ou s'il en est à la distance de cinq myriamètres [dix lieues] et au-dessus. Le délai est augmenté d'un jour par deux myriamètres et demi [cinq lieues], si le domicile du défendeur est à une distance au-delà de cinq-myriamètres [dix lieues].
453. Conservé.		**97.** Suivant l'exigence des cas, et sur l'ordonnance d'un juge du tribunal de commerce, un individu domicilié ou présent dans le lieu où siége le tribunal, peut être cité extraordinairement de jour à jour et d'heure à heure.
454. La citation à un individu non domicilié, et présent dans le lieu ou siége le tribunal, ne peut être donnée qu'à sa personne.	L'abus fréquent que les huissiers ordinaires font du *parlant à*, a fait penser à la Chambre que ces citations devaient être données par les huissiers audienciers, qui offrent plus de garantie. On a vu souvent des assignés, *parlant à leur personne*, prouver l'alibi.	**98.** La citation à un individu non domicilié, et présent dans le lieu où siége le tribunal, ne peut être donnée qu'à sa personne, *et par un huissier audiencier du tribunal de commerce.*
455. Conservé.		**99.** Toutes citations données dans le vaisseau, au capitaine et autres employés de l'équipage, sont valables comme si elles étaient données à domicile.
456. Conservé.		**100.** Dans les affaires maritimes où il existe des parties non domiciliées, et dans celles qui concernent les agrès, victuailles,

RÉDACTION du Projet de Code révisé.	OBSERVATIONS de la Chambre.	RÉDACTION proposée par la Chambre.
		équipages et radoubs des vaisseaux prêts à faire voile, et autres matières provisoires.
		Les citations sont données de jour à jour et d'heure à heure, sans qu'il soit besoin d'ordonnance du juge ; et le défaut peut être jugé sur-le-champ.
457. Conservé.		101. S'il y a péril dans la demeure, le juge peut permettre la saisie des effets mobiliers, aux risques et périls du demandeur.
De l'Instruction devant le tribunal. **ARTICLE ADDITIONNEL.** Conservé.		*De l'Instruction devant le tribunal.* 102. Il n'y a point d'instruction par écrit devant les tribunaux de commerce.
ARTICLE ADDITIONNEL. Conservé.		103. Les parties sont tenues de comparaître en personne, à la première audience, pour être entendues sur l'objet de leurs contestations. Leurs moyens de demande et de défense sont inscrits sur le plumitif ou feuilles d'audience. En cas de maladie, absence ou légitime empêchement, les parties peuvent se faire représenter par un chargé de pouvoir spécial. Sous aucun prétexte, le pouvoir ne peut être donné aux hommes de loi, avoués ou huissiers.

V 2

RÉDACTION du Projet de Code révisé.	OBSERVATIONS de la Chambre.	RÉDACTION proposée par la Chambre.
458. Conservé.		104. Si les deux parties comparoissent, et si, à la première audience, il intervient jugement définitif, les parties non domiciliées dans le lieu où siége le tribunal, sont tenues de faire élection d'un domicile. L'élection de domicile est mentionnée sur le plumitif d'audience.
459. Conservé.		105. Si le demandeur ne comparaît pas, le tribunal donne congé, et renvoie le défendeur de la demande, avec dépens. Si le défendeur ne comparaît pas, le tribunal peut ordonner une nouvelle citation ou donner défaut et statuer sur la demande. Le défaut et le congé ne peuvent être rétractés qu'à la même audience dans laquelle ils ont été prononcés.
460. Conservé.		106. Dans tous les cas, le tribunal peut ordonner, même d'office, que les parties seront entendues en personne, et s'il y a un empêchement légitime, commettre un juge pour les entendre.
462 *rapporté ici.* Conservé.		107. S'il y a lieu à liquidation et réglement de compte, examen de pièces, livres et registres, visite ou estimation de marchandises, et autres opérations de cette nature, le tribunal peut,

RÉDACTION. du Projet de Code révisé.	OBSERVATIONS de la Chambre.	RÉDACTION proposée par la Chambre.
		avant faire droit , déléguer un ancien juge ou autre commerçant, pour remplir cette mission. Le juge ou commerçant délégué fait son rapport par écrit ; Il le dépose , sans frais et sous cachet, au greffe du tribunal. Sa mission est gratuite, et son rapport n'est sujet à aucun droit de timbre ni d'enregistrement.
ARTICLE ADDITIONNEL. Conservé.		108. S'il y a lieu à rapport d'experts pour vérification d'écritures, les experts nommés par les parties , et, à défaut, nommés d'office par le tribunal, prêtent serment avant d'opérer, rédigent leur rapport sur papier timbré, et le déposent au greffe du tribunal.
461. Conservé.		109. Si, dans le cours de la contestation, l'une des pièces produites est arguée de faux, et si la partie qui se prévaut de la pièce ne s'en désiste pas à l'audience, La pièce arguée de faux est déposée sur le bureau , et son état est constaté, de suite, en présence des parties intéressées, qui sont interpellées de la parapher : elle est remise ensuite au greffe du tribunal qui doit connaître de l'inscription de faux. Le tribunal sursoit au jugement de la demande principale jusqu'après le jugement de l'incident.

RÉDACTION du Projet de Code révisé.	OBSERVATIONS de la Chambre.	RÉDACTION proposée par la Chambre.
465. Conservé.		110. Si le tribunal ordonne une preuve par témoins, Les parties et les témoins sont cités à jour et heure fixes; Les parties sont tenues de fournir les reproches contre les témoins avant la prestation de serment.
466. Conservé.		111. Les témoins peuvent être entendus à l'audience. Leurs dépositions sont rédigées par écrit et par eux signées. En cas d'impuissance de signer, il en est fait mention.
467. Conservé.		112. Si les témoins cités par l'une des parties ne comparaissent pas, le tribunal peut accorder un nouveau délai. Ce délai passé, la partie est déchue de la faculté de faire entendre les témoins.
ARTICLE ADDITIONNEL. Conservé.		113. Suivant l'exigence des cas, le tribunal peut procéder à l'audition des témoins amenés à l'audience sans citation préalable, ni jugement préparatoire qui ordonne la preuve par témoins.
TITRE XIII. *Des Jugemens, et de leur exécution.*		TITRE XII. *Des Jugemens, et de leur exécution.*
468. Conservé.		114. Si l'une des parties propose des moyens d'incompétence, et si le déclinatoire n'est point admis, le tribunal prononce par

RÉDACTION du Projet de Code révisé.	OBSERVATIONS de la Chambre.	RÉDACTION proposée par la Chambre.
		un seul et même jugement sur le déclinatoire et sur la demande principale.
469. Conservé.		**115.** Tout jugement doit contenir, Les noms, domiciles, et professions des parties; Les faits reconnus ou constatés; Les questions qui donnent lieu à la contestation; Les motifs qui déterminent les juges; Les dispositions qui sont prononcées; La contrainte par corps pour le paiement des sommes adjugées en principal et intérêts. Le jugement porté sur le plumitif est signé par le président du tribunal.
470. Conservé.		**116.** La voie de l'opposition contre un jugement rendu par défaut, soit en premier, soit en dernier ressort, est ouverte pendant la huitaine, à compter du jour de la signification du jugement à personne ou domicile du défaillant. Le délai est augmenté à raison d'un jour par deux myriamètres et demi (cinq lieues), si le défaillant réside hors de l'arrondissement du tribunal. Après le délai expiré, le jugement est définitif s'il est rendu en dernier ressort. Il est réputé contradictoire, s'il est rendu en premier ressort, et le défaillant n'a que la voie de

RÉDACTION du Projet de Code révisé.	OBSERVATIONS de la Chambre.	RÉDACTION proposée par la Chambre.
		l'appel, dans la forme et les délais prescrits par l'article 124.
471. Conservé.		117. Tout jugement rendu en premier ressort, est exécutoire par provision en cas d'appel, à la charge de donner caution.
472. Conservé.		118. La caution est présentée par un acte signifié à l'appelant, avec sommation de se trouver au greffe du tribunal, à jour et heure fixes, pour l'accepter ou la contester dans le délai de vingt-quatre heures.
473. Conservé.		119. Si l'appelant n'a pas comparu dans le délai mentionné en l'article précédent, la caution est admise par le tribunal.
474. Conservé,		120. Si la caution est contestée, le tribunal prononce sur l'admission ou le rejet.
475. Conservé.		121. La caution admise volontairement ou judiciairement, fait sa soumission de restituer, s'il y a lieu, la somme qui sera payée provisoirement par l'appelant.
476. Conservé.		122. Les jugemens de réception de caution sont exécutoires, nonobstant opposition ou appellation, et sans y préjudicier.
De l'Appel.		*De l'Appel,*
477. Conservé.		123. L'appel d'un jugement pré-

REDACTION du Projet de Code révisé.	OBSERVATIONS de la Chambre.	RÉDACTION proposée par la Chambre.
		paratoire ne peut être admis pendant le cours de l'instruction de la procédure devant le tribunal de première instance. Il peut être relevé après le jugement définitif.
478. Conservé.		**124.** L'appel d'un jugement rendu contradictoirement par un tribunal de commerce, doit être notifié dans les trois mois, à dater du jour de la signification du jugement, à peine de déchéance. L'appelant peut anticiper le délai, et notifier son appel dans les vingt-quatre heures après la date du jugement.

TITRE XIV.

De la Forme de procéder devant les Tribunaux d'appel.

479.

La section de commerce près le tribunal d'appel, peut, suivant l'exigence des cas, accorder la permission de citer extraordinairement, à jour et heure fixes, pour plaider sur l'appel d'un jugement rendu par un tribunal de commerce.

Le surplus de la procédure, jusques et y compris le jugement définitif, doit être conforme à celle prescrite pour les causes d'appel en matière civile.

TITRE XV.

De la Contrainte par corps.

480.

Conservé.

Supprimé le dernier paragraphe, comme inutile.

TITRE XIII.

De la Forme de procéder devant les Tribunaux d'appel.

125.

La section de commerce près le tribunal d'appel, peut, suivant l'exigence des cas, accorder la permission de citer extraordinairement, à jour et heure fixes, pour plaider sur l'appel d'un jugement rendu par un tribunal de commerce.

TITRE XIV.

De la Contrainte par corps.

126.

La contrainte par corps ne

RÉDACTION du Projet de Code révisé.	OBSERVATIONS de la Chambre.	RÉDACTION proposée par la Chambre.
		peut avoir lieu pour une somme au-dessous de cent francs. Elle ne peut être exercée envers la veuve et les héritiers de celui contre lequel elle a été prononcée.
481. Conservé.		127. Il y a nullité dans l'exécution de la contrainte par corps, Si elle a lieu avant le lever ou après le coucher du soleil; Si elle a lieu un jour de repos indiqué par la loi; Si elle a lieu sans notification du jugement qui la prononce, et sans un commandement qui constate le refus de paiement.
482. Conservé.		128. L'huissier chargé de l'exécution du jugement, est tenu de laisser au débiteur copie du procès-verbal d'arrestation et du procès-verbal d'écrou. Le procès-verbal d'écrou doit contenir l'élection du domicile faite pour le poursuivant, dans le lieu où est établie la maison d'arrêt. L'huissier est tenu de consigner le montant des alimens pour un mois.
483. Conservé.		129. Tout autre créancier peut faire écrouer de nouveau le débiteur, en vertu d'un jugement de condamnation dûment signifié, et portant la contrainte par corps. Il est tenu de contribuer au paiement des alimens.

RÉDACTION du Projet de Code révisé.	OBSERVATIONS de la Chambre.	RÉDACTION proposée par la Chambre.
484. Conservé.		130. Tout détenu pour dettes est mis en liberté, S'il justifie qu'il n'y a point de consignation pour les alimens, ou s'il justifie du paiement ou de la consignation des sommes pour raison desquelles il a été écroué. TITRE XV. 131. Dans aucun cas la présente loi ne peut avoir d'effet rétroactif. Elle sera obligatoire mois après sa promulgation. A dater du jour de sa mise en activité, toutes les lois antérieurement rendues en matière de commerce, sont abrogées.
TITRE ADDITIONNEL. ARTICLE ADDITIONNEL. Conservé.		

OBSERVATION GÉNÉRALE.

Plusieurs articles du Code en citent d'autres, qui les précèdent ou les suivent; il semblerait utile, dans ce cas, que les articles cités fussent, à l'impression du Code, rapportés en note et en petits caractères, au bas de la page. Il devrait en être de même des articles du Code civil qui pourraient être cités.

FROCHOT, préfet de la Seine, *président ;*
VIGNON, *vice-président.*

BELLOC,
BIDERMANN,
CHAGOT-LARCHER,
CORDIER,
DAVILLIERS *(Jean-Charles)*,
B. DELESSERT,
LA FOND,

MARTIN,
MOREAU,
ROUSSEAU *(Jean-Joseph)*,
TERNAUX,
THIBON,
VITAL-ROUX;

DU PONT (de Nemours), *secrétaire.*

À PARIS, DE L'IMPRIMERIE IMPÉRIALE.